乡村振兴背景下农村宅基地
管理与改革研究

王胜 著

时代文艺出版社
SHIDAI WENYI CHUBANSHE

图书在版编目（CIP）数据

乡村振兴背景下农村宅基地管理与改革研究 ／ 王胜
著． —— 长春：时代文艺出版社，2023.12
　ISBN 978-7-5387-7351-4

　I. ①乡… II. ①王… III. ①农村－住宅建设－土地
制度－研究－中国 IV. ①F321.1

　　中国国家版本馆CIP数据核字(2023)第236365号

乡村振兴背景下农村宅基地管理与改革研究
XIANGCUN ZHENXING BEIJING XIA NONGCUN ZHAIJIDI GUANLI YU GAIGE
YANJIU
王胜　著

出 品 人：吴　刚
责任编辑：焦　瑛
技术编辑：杜佳钰
装帧设计：苗　惠

出版发行：时代文艺出版社
地　　址：长春市福祉大路5788号　龙腾国际大厦A座15层（130118）
电　　话：0431–81629751（总编办）　0431–81629758（发行部）
官方微博：weibo.com／tlapress
开　　本：710mm×1000mm　1／16
字　　数：245千字
印　　张：12.25
印　　刷：沈阳正邦印刷包装有限公司
版　　次：2024年3月第1版
印　　次：2024年3月第1次印刷
定　　价：76.00元

图书如有印装错误　请寄回印厂调换

前　言

　　改革开放以来，中国经济社会发展取得了巨大成就，农村贫困人口持续减少、城市发展日新月异，人民生活水平显著提高。20世纪90年代中后期，中国迈入工业化、城镇化的快速发展阶段，引发产业结构、社会结构、地域结构、生计结构等方面的显著变化，城乡关系进一步演化出新特征。长期以来，中国城乡二元结构下城市偏向的发展战略、重工业偏向的产业结构、市民偏向的分配制度，导致农村基础建设欠账多、农业发展底子薄、产业结构相对单一、城乡居民收入差距拉大等问题，制约了乡村转型与城乡一体化发展，并最终演化成为"城进村衰"的发展态势和日益严峻的"乡村病"问题。

　　乡村衰退并不是中国特有的现象。在世界范围内，无论是欧美等老牌发达国家，还是日韩等新兴发达国家，或是亚非拉等地的发展中国家，大多也经历了农村基础设施薄弱、农业经济地位下降、乡村就业岗位减少及劳动力流失等问题，导致乡村经济社会衰退。从理论方面看，城乡关系是最基本的经济社会关系，而乡村的价值与定位通常会决定城乡发展导向。Lewis的二元经济结构理论和Krugman的中心 – 外围理论是论述城乡发展关系最著名的理论，核心思想都是农业与农村发展首先要服务于工业和城市的发展需要，弱化了乡村应有的价值与定位，对发展中国家的乡村发展实践产生了重要影响。

　　推进农村宅基地制度改革，是适应农村社会从封闭向开放转变、城乡关系从分割向融合转化这一历史性变革的重要举措，意义重大而深远。从用好农村土地资源角度看，推进宅基地制度改革可以为乡村振兴提供重要物质依托。一方面，随着乡村振兴和乡村建设的深入推进，乡村产业、农村基础设施建设用地需求在不断增加。另一方面，农村集体建设用地得不到有效利用，大量农宅破败、宅基地闲置。

　　通过农村宅基地制度改革，盘活农村闲置住宅和闲置宅基地，破解乡村振兴"地从哪里来"问题；释放农村宅基地价值，吸引外部资本投入农村，解决乡村振兴"钱从哪里找"问题；吸引人才下乡、能人返乡，解决乡村振兴"人往哪里聚"问题。从实现好、维护好、发展好农民权益角度看，推进农村宅基地制度改革，妥善解决宅基地占有不均、强占多占、合理需求得不到满足等现实问题，有利于建立农民住房用地保障新机制，实现"户有所居"；有利于规范农村宅基地管理秩序，实现宅基地分配和使用的"公平、公正"；还可以赋予农民更多财产权利，更好分享改革发展的成果和红利。从加强乡村治理角度看，推进农村宅基地制度改革，改变一些地方村庄布局无序、农房乱搭乱建、违法占地建房、土地管理薄弱的现状，有利于加快建设美丽乡村、完善村民自治制度、重塑乡村治理秩序，使农村社会充满活力、和谐有序。

本书共分为六章，第一章为乡村振兴与农村宅基地制度改革，包括我国乡村振兴战略、我国农村土地管理制度、乡村振兴背景下宅基地制度改革、宅基地"三权分置"改革；第二章为宅基地管理，介绍了农村宅基地、农村宅基地管理制度、农村宅基地房地一体确权登记制度；第三章为宅基地使用权，包括了宅基地使用权内涵、宅基地使用权流转、宅基地使用权继承、宅基地使用权抵押、宅基地使用权收回、农村集体经营性土地入市；第四章为宅基地有偿退出，主要内容为农村宅基地退出内涵、农村宅基地自愿有偿退出的影响因素及对策、农村宅基地退出补偿、农村宅基地有偿使用市场化、集体土地上房屋拆迁与补偿；第五章为农村闲置宅基地盘活利用，具体内容包括农村闲置宅基地内涵、农村闲置宅基地盘活利用、推进农村闲置宅基地盘活利用的政策建议、农村闲置宅基地盘活与产业融合发展；第六章为闲置宅基地盘活背景下实用性村庄规划，主要为闲置宅基地盘活背景下村庄规划、实用性村庄规划内涵、实用性村庄规划编制探讨和闲置宅基地盘活利用实用性村庄规划案例。

限于作者水平，书中难免存在疏漏及不妥之处，敬请读者批评指正。

编者

2023 年 6 月

目　录

第一章

乡村振兴与农村宅基地制度改革

第一节　我国乡村振兴战略

我国城乡差距较大，城乡二元体制在一定范围内仍然存在，乡村振兴战略，本质就是要解决城乡发展不平衡问题，实现城乡同步现代化。乡村振兴的总目标是实现农业农村现代化。目前我国面临城乡发展不平衡，乡村发展不充分的问题，造成这一问题的根本原因是城乡二元体制。城乡二元体制是城乡对立矛盾的具体体现，马克思深刻分析了城乡对立矛盾的危害性，他指出"城乡对立矛盾带来了一系列问题，将人变为城市动物与乡村动物"，"城乡对立是随着野蛮向文明的过渡……而开始的，它贯穿着全部文明的历史并一直延续到现在"。列宁指出："城乡对立矛盾制约人的全面发展，这同集体制的社会制度是相抵触的。"马克思恩格斯在《共产党宣言》中指出，共产主义运动要求"把农业和工业结合起来，促使城乡之间的对立逐步消灭。"实施乡村振兴战略，关键就是要破除城乡二元经济体制，实现城乡融合发展，这与马克思主义关于解决城乡对立矛盾，实现人的全面自由发展的主张是一致的。

乡村衰落是世界性问题。美国、英国等发达国家在 20 世纪中就进入了城镇化高级阶段，但此后很长一段时期，农村人口流向城市的趋势并未改变，农村人口大量外流的结果是农村产业凋敝、房屋空置、土地荒废、人口老龄化问题加剧，乡村经济难以提振。经验告诉我们，解决乡村衰退问题需要政府的政策引导和资金支持，因地制宜推行改革，避免跌入发展"陷阱"。

我国历来注重解决农村发展问题，20 世纪 20 年代至 40 年代，面对乡村衰败和时局动荡的境况，梁漱溟、黄炎培等知识分子提出了诸多乡村建设的思路，并进行了一些方案探索。其中具有代表性的如"定县模式""邹平模式"等。这些模式虽然方法不同但是最终的目标相同，即通过乡村建设造福于民，其中包括乡村地区的教育、制度、产业等领域的改革，他们试图通过乡村改革实现国家富强，最终实现拯救国家和民族的目的。由于民国知识分子所倡导的乡村发展活动大多偏向于教育、文化等层面，缺乏经济基础和国家支持，未获得民众广泛支持，所以最终效果微乎其微。而共产党这一时期在乡村推行土地革命，消灭传统的剥削和封建土地制度，将土地分配给农民使用，找到了农村经济落后的根本原因，得到了农民的广泛拥护。但当时寻求国家解放和民族独立是第一要务，土地革命未能在全国范围内推开。新中国成立后，我国实行了土地改革，真正实现了耕者有其田的目标。

我国的改革开放以土地制度改革为逻辑起点。改革是从农村开始的，以土地承包到户为主要特征的家庭联产承包责任制，打破了人民公社"一大二公"的经营体制，农村承包地的所有权归集体所有，承包经营权归农户，集体经济组织行使所有权的方式为发包土地，提供公共设施和服务，对承包地进行调整和分配，从而形成了有统有分、统分结合的双层经营体制。1984—2003年，改革的重心由农村转入城市，农村为城市输送了大量廉价劳动力，城镇居民收入分配体制改革、财税体制改革等一系列改革，为城市经济发展提供了巨大动力，城市经济快速发展，农村经济发展速度相对较慢，城乡之间的发展差距逐步扩大，城乡发展割裂，城乡发展不平衡的问题日益突出。2004—2011年，统筹城乡战略带动了城乡关系趋好，理论上提出"城乡经济社会一体化"，实践上对"三农"问题进行新的改革探索；加之户籍制度改革、社会保障制度改革的深化，遏制了城乡差距扩大趋势。党的十八大召开以来，我国城乡融合发展进入新的阶段，以习近平同志为核心的党中央提出了一系列新理论、新战略，形成了城乡发展"目标—路径—对策"的有机理论体系，以城乡全面融合发展为目标，用五大发展理念来指导新时代的城乡发展。从城乡统筹、城乡一体化到城乡融合发展，既是一脉相承，又是不断创新的理论体系，反映了我国对城乡关系认识和实践的不断深化，乡村振兴是中国城乡关系的重大理论创新，总目标是农业农村现代化，总要求为"产业兴旺、生态宜居、乡风文明、治理有效、生活富裕"。实施乡村振兴战略是新时代实现城乡融合发展的关键举措。

第二节　我国农村土地管理制度

土地是农民的命脉，是农业最重要的生产资料，是农村发展的基础。农村土地问题关系到农民生活的方方面面，更是"三农"问题的关键。能否处理好农村土地问题关系到农业农村经济的发展，社会的稳定和国家的繁荣。农村土地管理制度正是处理农村土地问题的依据和准则。自建国以来，为适应我国不同时期经济社会发展需求，沿着人与土地的关系这条主线，深入贯彻以人为本的法治理念，不断推进农村土地管理制度改革进程，农村土地管理法治化水平不断提高。尤其在 2016 年之后，我国有序推进各项改革试点，不断完善政策设计，深入落实农村土地管理制度改革任务，开辟了农村土地管理法治建设的新局面。

农村土地制度改革的进程

1. 建国后至改革开放前的农村土地管理制度

中华人民共和国成立之初颁布的《土地改革法》第一条明确规定：新中国的土地制度是农民的土地所有权制度，完全消除了地主阶级的封建剥削。之后，经过互助组、初级社、高级社和人民公社的发展过程，土地所有权经历了土地私有产权到土地入股参与初级社，再到土地集体所有的变化。土地经营关系经历了从农户自行耕种到集体共用，由集体统一管理经营，农民免费分配到部分作为自用的自留地，并且规定土地不能买卖、租赁。由此可以看出，这一时期的土地制度主要服务于社会体制的过渡，实现了所有权和经营权的统一，彻底摧毁了我国存在两千多年的封建土地制度，地主阶级也被消灭。农民成为土地的主人，极大地解放了农村生产力，农村生产迅速恢复发展，为国家的工业化建设准备了条件。

2. 改革开放至党的十八大前的农村土地管理制度

1978 年，江淮大地上出现了百年不遇的旱灾。安徽是重灾区，农民生活艰苦，甚至无法维持温饱。在最基本的生存权得不到保证的情况下，小岗村的 18 位农民进行了包干到户的探索，拉开了农村土地改革的序幕。这种模式下土地归农民集体所有，将农村集体土地承包给农民进行经营，土地集体所有权不变，家庭承包经营权相结合的制度模式，实现了土地所有权与承包经营权的"两权分置"。《土地管理法》对农村土地所有权进行了规定，《农村土地承包法》提出了稳定家庭承包经营的双层经营体制，赋予农民长期的土地使用权，这种制度并不是对集体土地所有制的否定，而是建立在土地集体所有的基础上的一种权利分离。从产权统一到"两权分置"，改变农村旧的经营管理方式，极大地解放了生产力，调动广大农民的生产经营积极性，显著提高了农民的生活水平，我国经济社会得到快速发展。

随着经济社会的发展，家庭承包经营的模式无法适应农业机械化、产业化的发展需求，政府提倡发展适度规模经营，推动集体经济。老《土地管理法》第十五条规定：农民集体所有的土地，可以由本集体经济组织以外的单位或者个人承包经营，从事种植业、林业、畜牧业、渔业生产。这说明土地承包经营权扩大到了本集体经济组织以外的单位或者个人，为非农资本进入农村，进行农业经营提供了法律依据，有利于城乡之间要素交流，有效推进城乡融合发展，也有利于推动土地适度规模经营。

3. 党的十八大至今的农村土地管理制度

21世纪以来，我国进入了城镇化发展的快速阶段，农村面临着人口、资本等向城市流动，农村空心化等现象。快速的城镇化发展使得农村面临着土地荒废、人地分离、城乡发展矛盾等多重问题，严重制约了农村的经济社会发展。为了解决城乡发展不平衡等矛盾，国家提出了实施乡村振兴战略。2014年，以农村土地征收、集体经营性建设用地入市、宅基地制度改革试点为主要内容的农村土地管理制度改革"三箭齐发"，标志我国农村土地管理制度改革已经步入深水区。另外，新《土地管理法》于2020年1月1日实施，为"三块地"改革明确了法律规制。

（1）农村集体经营性建设用地入市

新《土地管理法》规定符合条件的集体经营性建设用地可以通过出让、出租等方式交由集体经济组织以外的单位或者个人直接使用，使用者取得集体经营性建设用地使用权后还可以进行转让、互换或者抵押等。允许集体经营性建设用地入市是土地管理法的一个重大制度创新，这是新法修订的最大亮点，为破除城乡二元土地制度打开了法律之门，也为城乡一体化发展扫除了制度性的障碍。虽然此次集体经营性建设用地入市范围仅限于工业、商业等经营性用途，未提及住宅用地，但这一重大突破仍会对未来土地市场的发展带来深远影响。

（2）宅基地"三权分置"

随着城镇化进程加快，大量农民离开家乡进城务工，农村宅基地空置现象越来越普遍，空心村现象严重，无人居住的房屋逐步破败。城镇居民为了享受乡间生活或是周末度假，越来越多的人关注城市郊区的宅基地转让买卖，农民为了获得收益防止房屋无人打理而破败，也愿意进行宅基地交易，农村出现了宅基地私下交易的现象。这种情况下，买房无法办理过户手续，权益得不到保障。另外，集体所有的宅基地通过私下交易，变为非本集体经济组织内成员使用，使得集体资产流失，扰乱了不动产交易市场。由此政府提出了积极探索宅基地"三权分置"，保障宅基地的所有权和农村集体经济组织成员的资格权，放活宅基地的使用权，依法依规进行宅基地流转，增加村集体土地收益，为集体经济组织发展注入新活力。

（3）农村土地征收制度

土地征收是关系着农民切身利益的政策，一直以来征地范围界定不清、征地补偿标准低、征地程序不能充分保障被征地农民的知情权和参与权等问题是农村集体土地征收过程中争议较大的问题，也是农村土地涉诉涉访的重点领域。《土地管理法》修订之后，一是明确界定"公共利益"的六种情形。二是规范了征地的程序。要求开展拟征收土地现状调查、征收公告公示张贴、组织听证、签订征地协议和开展社会稳定风险评估工作，将征地后的征地矛盾问题在征地前化解，被征地农民对补偿的异议通过提出听证申请等途径反映。三是完善征地补偿制度。土地管理法以被征地农民原有生活水平不降低、长远生计有保障为原则，重新制定了新的土地补偿标准，采取调整宅基地、安置房、货币、社会保障等多元的方式对失地农民进行补偿。

第三节　乡村振兴背景下宅基地制度改革

一、乡村振兴背景下推进宅基地制度改革的时代背景

党的十九大报告指出中国发展新的历史方位，即中国特色社会主义进入新时代，我国社会主要矛盾已经转化为人民日益增长的美好生活需要和不平衡不充分的发展之间的矛盾。城乡发展不平衡、乡村发展不充分是我国社会主要矛盾的具体体现，为激发乡村发展内生动力，实现城乡均衡发展，党中央提出乡村振兴战略，乡村不是城市发展的附属，而应与城市并行发展。乡村与城市具有发展目标的一致性与功能的差异性，改变乡村要素向城市单向流动的局面，改革是根本动力。以"三权分置"为主要特征的新一轮农村土地改革，是激发农村土地要素活力，解决城乡发展不平衡、乡村发展不充分问题的关键。农村宅基地制度改革系农村"三块地"（即承包地、集体经营性建设用地、宅基地）中最后一块地改革，随着农村宅基地制度改革的开展，农村土地改革已经触及最复杂、最艰巨的领域，农村宅基地因其改革的历史方位，与乡村振兴战略紧密地结合在一起。

2015 年 1 月，中共中央办公厅和国务院办公厅联合下发《关于农村土地征收、集体经营性建设用地入市、农村宅基地制度改革试点工作的意见》，选取 33 个县（市、区）开展"土地征收、经营性用地入市、宅基地改革"等政策的试点工作，其中明确了 15 个县（市、区）开展农村宅基地改革试点，改革主题为农村宅基地的有偿退出机制。2017 年，农村宅基地改革试点拓展到 33 个试点县（市、区），并延期到 2018 年底。2018 年中央一号文件《中共中央国务院关于实施乡村振兴战略的意见》提出系统总结改革经验，深入推进土地制度改革，明确农村宅基地改革内容为"三权分置"，即落实农村宅基地集体所有权，保障农村宅基地农户资格权和农民房屋财产权，适度放活农村宅基地和农民房屋使用权。

根据乡村振兴"三阶段"发展目标规划，到 2022 年，乡村振兴战略实施的目标为制度框架和政策体系初步健全，乡村振兴包括产业振兴、人才振兴、生态振兴等多元目标，其中产业振兴是重点和基础。当前，产业振兴的重点是发展一二三融合产业，而发展一二三融合产业，既需要农业用地，也需要产业和项目建设用地，农业用地随着承包地流转而基本解决，产业和项目建设用地仍面临较

大缺口，受限于土地用途管制和生态环境保护等多重约束，新增农村建设用地困难，农村建设用地存量主要是农村宅基地。

我国当前实施乡村振兴战略，其总体目标归纳为 20 字方针，即"产业兴旺、生态宜居、乡风文明、治理有效、生活富裕"。乡村振兴与乡村地域关系紧密，乡村振兴战略明确提出要深化农村土地制度改革，其关键在于要善于利用市场"无形之手"高效地对农村资源要素进行合理配置，提高土地的综合利用效率，为农村宅基地制度改革发展提供更明确的政策引导和科学规划。

二、乡村振兴背景下推进宅基地制度改革的缘由

（一）宅基地"两权分离"："强化保障功能、弱化财产功能"

集体所有是宅基地产权制度的基本特征，而宅基地产权制度的核心在于"使用权"。农民所拥有的宅基地使用权具有成员权和用益物权双重属性。其中，成员权属性是指只有农村集体经济组织成员才具有获得该集体经济内部宅基地使用权的资格，因而农村集体经济组织成员是获得宅基地使用权的前提。成员权确保农民拥有稳定的居住场所，有利于实现宅基地的保障功能。用益物权是在成员权属性基础上赋予农民的财产性权利，通过宅基地使用权的流转来实现，是宅基地财产功能实现的基本前提。成员权是实现用益物权的前提，用益物权则是成员权的一种实现形式。宅基地使用权的成员权与用益物权双重属性有着内在矛盾性，并呈现出以下特征：

1. 宅基地使用权的双重属性导致宅基地产权制度安排呈现"强化保障功能、弱化财产功能"特征。用益物权依附于成员权，当宅基地使用权通过流转实现其用益物权时，成员权就会消失。而成员权和用益物权分别是宅基地保障功能和财产功能实现的基本要求，这意味着宅基地保障功能与财产功能目标不可能同时实现。长期以来，宅基地的保障功能是宅基地产权制度安排的首要目标，这也必然会制约宅基地用益物权属性的实现，致使宅基地使用权无法成为真正的用益物权。从实践角度来看，宅基地使用权的成员权和用益物权双重属性导致农村宅基地大量闲置，使得宅基地利用效率较低。《中国农村发展报告》（2017，2018）数据显示，2000—2011 年间农村人口减少 1.33 亿人，而以农村宅基地为主体的居民点用地增加 3045 万亩，每年农村闲置住房 5.94 亿平方米，市场价值约 4000 亿元，可用于整治的农村闲置宅基地大约有 1 亿亩左右。宅基地是重要的农村要素，宅基地闲置不利于深化农村要素的市场化配置，从而阻碍乡村的振兴发展。

2. 宅基地使用权的成员权与用益物权双重属性限定了宅基地使用权的流转范围。成员权与用益物权的融合导致宅基地"使用权"主体必有用益物权、用益物权的实现要靠使用权，这意味着宅基地使用权只能在村集体内部有条件的流转，这势必影响宅基地用益物权的实现，即制约宅基地财产功能的实现。

20世纪80年代初期，宅基地使用权是禁止流转的。1988年《土地管理法》及之后的一系列法律法规才允许集体所有的宅基地依法转让，但宅基地使用权流转还受到诸多限制。直到2007年出台的《物权法》才赋予宅基地使用权以用益物权属性，但没有收益的权利。近年来，一系列法律法规逐步允许宅基地使用权的有偿流转。其中2015年《关于农村土地征收、集体经营性建设用地入市、宅基地制度改革试点工作的意见》中指出，"要完善宅基地权益保障和取得方式，探索进城落户农民在本集体经济组织内部自愿有偿退出或转让宅基地"。2015年，国务院印发《推进普惠金融发展规划（2016—2020年）》，强调对宅基地使用权要"积极开展确权、登记、颁证、流转等方面的规章制度建设"。2016年，国务院印发《关于实施支持农业转移人口市民化若干财政政策的通知》，强调"维护进城落户农民宅基地使用权"，并规定"地方政府不得强行要求进城落户农民转让在农村的宅基地使用权，或将其作为进城落户的条件"。从上述法律法规来看，宅基地使用权的用益物权属性逐渐凸显，通过宅基地流转、出租等方式发挥宅基地的财产功能，不断提高宅基地的利用效率，为乡村振兴发展提供动力。

（二）宅基地"三权分置"改革："保障功能、财产功能并重"

宅基地"两权分离"的背景下，宅基地使用权中的成员权与用益物权双重属性导致农村大量宅基地闲置。因而，将宅基地使用权中的成员权与用益物权属性相分离是宅基地产权制度改革的关键。在落实宅基地集体所有权的前提下，宅基地资格权与使用权的分置正是解决上述问题的有效途径。资格权是保障农民基本的居住权利，与"两权分离"制度下宅基地使用权的成员权属性类似；"三权分置"下宅基地使用权与"两权分离"制度下宅基地使用权的用益物权属性类似。因此，宅基地资格权与使用权分置有效解决了以往宅基地使用权双重属性的问题。

1. 宅基地"三权分置"产权制度安排呈现出"保障功能与财产功能并重"的特征。在"三权分置"背景下，当宅基地发生流转即宅基地的用益物权得以实现时，农民的宅基地成员权并不会随之消失，而是通过设立宅基地农户资格权得以保障。宅基地农户资格权有利于宅基地保障功能的实现，而适度放活宅基地使用权则有利于宅基地财产功能的实现。因此，宅基地"三权分置"在保障农民住房保障功能的前提下，宅基地用益物权属性的凸显有利于推动闲置宅基地的流转。

2. 宅基地"三权分置"产权制度安排下，宅基地使用权的流转范围能够突破村集体经济内部流转的制约。在落实宅基地集体所有权的基础上，宅基地农户资格权的设立能够有效保障农民的居住权利，而适度放活宅基地使用权并不局限于村集体经济组织内部，这有助于在更大程度上实现宅基地的财产功能，不仅能够吸引社会资本进入农村开展农家乐和乡村旅游等经济活动，进而提高宅基地的利用效率，还能够为农民带来更多的财产性收入，为有意愿进入城市的农民提供更多的资金支持，从而实现城乡要素的双向流动，推动乡村的振兴发展。

（三）宅基地产权制度安排：从"两权分离"到"三权分置"

"两权分离"背景下，宅基地使用权的双重属性所具有的内部矛盾性倒逼宅基地产权制度安排走向"三权分置"。宅基地"三权分置"改革有效解决了"两权分离"产权制度安排中存在的问题，并实现了宅基地从"强化保障功能、弱化财产功能"到"保障功能、财产功能并重"的转变，实现了闲置宅基地在不同主体之间的合理有序流转，提高了宅基地利用效率，进而有利于促进乡村的整体发展。

三、农村宅基地制度改革对乡村振兴的推动作用

土地制度和公共产品供给制度是国家的基本经济制度，探索农村宅基地制度改革，是破除城乡二元体制，改变土地财富的流向的内在要求，比农村承包地的"三权分置"意义更大。找准全面乡村振兴战略与农村宅基地制度的联结点，有助于推动乡村振兴战略的实施，有助于明确农村宅基地制度改革的目标、路径和重点。乡村振兴的总目标是农业农村现代化，既包括农业的现代化，也包括农村现代化。农村宅基地制度改革对乡村振兴的作用是全方位多层面的，农村宅基地制度改革对乡村振兴总要求的"产业兴旺、生态宜居、乡风文明、治理有效、生活富裕"五个方面均发挥作用，进而促进农业农村现代化总目标的实现。

1. 为乡村产业提供土地资源。土地是农业发展中最基础的生产资料，宅基地制度改革可以释放农村闲置的土地要素资源，为乡村振兴提供新动力。乡村产业的发展必然需要大量土地资源保障产业落地，进行宅基地制度改革，一方面，可以缓解当今我国城镇建设用地紧张的局面，承接城镇的产业转型，吸引城镇工业资本投入；另一方面，由于农村耕地红线管控，农民可以在使用权和资格权权属范围内，以开发休闲旅游、农家乐、农村电商、观光农业等新模式来盘活宅基地，

发展农村新业态，促进乡村一二三产业融合发展。

2. 促进乡村生态环境整治。实现生态宜居，离不开乡村环境整治，农村普遍存在农房及附属设施建设粗放、规划空白等问题，一些地方还存在人畜混居、垃圾随意存放、农村污水处理设施不健全等问题，有必要通过规划引导，增加公共服务用地空间，解决公共设施用地空间不足的问题，改善农村居住条件和生态环境。农村宅基地制度改革，可以有效盘活农村宅基地存量，转变为建筑用地指标，提振集体经济组织的经济实力，为农村健全公共设施用地、提升公共服务能力提供资金和用地空间，也可以与村居环境整治有机结合起来，腾退的农村宅基地可以用作生态用地，通过多种形式的居住保障方式，解决乡村规划中公共设施用地不足的问题，促进乡村良性发展。

3. 促进城乡间要素双向流动。伴随着我国城镇化发展，城市建设性用地日益紧张，推动宅基地制度改革，有利于吸引城镇市民和青壮农民返乡兴业，将新型人才、城市资本、产业、技术等要素引入农村经济建设，城镇发展也获得了新增产业建设用地。同时，农民可以利用城镇资本创新创业，开发乡村产业链，还可以通过出租闲置房屋放活使用权，为下乡城市居民提供有偿居住，促进城乡融合，在一定程度上实现了城乡要素合理化配置的双赢局面。

4. 有利于完善乡村治理体系。过去，由于农村地区实行家庭联产承包责任制改革，削弱了农村集体经济组织地位，未能有效发挥乡村治理的作用。如今，农村宅基地管理和改革落实宅基地所有权，有效地强化了乡村经济建设与发展，一定程度上突出农民主体地位。同时，通过适度放活宅基地使用权，即在确保农民户有所居的情况下，赋予农民更加充分的财产性权益，允许农户通过转让、出租、赠予、继承、互换、抵押、入股等方式流转宅基地使用权，强化了村集体经济组织自主规划、自主分配、自主处置和自主管理的权力，进而巩固了党对农村工作的全面领导，充分调动了广大农民参与乡村治理的积极性与主动性，是乡村治理的有效手段，为我国新时代乡村振兴战略注入新动力，从而有效地驱动乡村治理现代化进程。

5. 增加收益以促生活富裕。共同富裕是社会主义建设的发展目标，乡村振兴中的生活富裕目标，本质上就是要实现共同富裕。农民生活富裕，主要的标志是收入水平的提高，收入包括生产性收入和财产性收入，农村宅基地制度改革，一方面能促进农村产业的发展，带动提升劳动力价值，增加农村生产性收入。另一方面有助于发挥农村宅基地财产价值作用，提高农民的财产性收入。农村产业现代化，产业融合发展，有利于进一步延长农业产业链。农民无论是自己生产经营，还是流转农村宅基地使用权抑或是转变为产业工人提供劳动力，总体上都有利于收入提高，减少城乡收入差距，助推共同富裕目标的实现。

第四节　宅基地"三权分置"改革

一、宅基地"三权分置"的内涵

宅基地是指农村集体经济组织成员在法律规定范围内申请获得并可在其上修建房屋住宅的土地。范围包括准备建造、已经建过或者曾建过但现在没有附着物的土地。在"三权分置"背景下将农村宅基地使用权和资格权划为村民所有，而所有权掌握在村集体组织中。这一种方式可以说是土地改革的创新和制度安排。

1. 所有权

所有权在民法中是一种排他性权力，属于绝对权的范畴。宅基地所有权属于集体经济组织即村集体所有，这代表着完整拥有对于其占有、使用、收益、处分这四项权利。我国土地的所有形式包括国家所有和集体所有，对于法律明文规定的属于国家的部分外，农村剩余的土地部分属于村集体组织。宅基地上的房屋不仅是村民重要居所和保障，其本身的财产价值也是农村经济的重要组成部分。相较于使用权，将所有权剥离出来导致的一个重要问题是农民对于两权的混淆，很多农民认为宅基地只要在上面盖了房屋，则整块地皆属于个人所有，原因在于《民法典》之前的立法解释中未明确"村民集体"，在其出台后的第99条规定中明确界定了村集体是宅基地的所有权人。就占有、使用而言，宅基地使用权已经具有这两项权能；由于农民认为宅基地属于个人，范围理所当然地涉及其地上的收益、孳息等，村集体只有很少的一部分收益或者几乎没有；最后的处分权能更是由于宅基地使用的无限期而无从谈起，处分近乎不可能。

2. 使用权

在《民法典》的规定中将使用权纳为用益物权的范围，但是学界中也存在着不同的声音。现行实践下，宅基地使用权的流转采取订立民事合同，以此来被非经济组织以外的人获得，其本意是将沉睡的宅基地经济价值激发，但是仅以农民自身所有的集体经济组织成员身份并不能达成这一目的，因为其凭借成员身份申请的使用权必定包含着资格权；另外现行"三权分置"也可以被代替为资格权、所有权和不动产物权模式。但是本研究认为宅基地使用权并不一定具有身份属性，同时为了获得经济收益，可以通过对于流转的规制如期限、支付将该用益物权被集体以外的人获得，加速在市场的流通，更好地实现乡村振兴。

3. 资格权

资格权第一次出现在 2018 年的中央一号文件中，但是对于这个新概念，政府并没有明确的解释规定。目前学界有三种观点：第一种认为，宅基地资格权是一种身份的象征，是一种可以申请取得宅基地并占有的权利能力；第二种认为，宅基地使用权的原始取得和继受取得等一系列的方式是宅基地资格权的概括称呼；第三种认为，将宅基地资格权定义为农民对使用权所享有的剩余权利。宅基地在一定期限内转让、出租或抵押给他人，当期限届满后，原使用权人具有继续使用宅基地的权利。宅基地资格权是一种身份的象征，从使用权中剥离出来，能够兼顾交易流通和身份，使得农民更好地对于集体的土地进行利用、收益，享受到更多的福利保障。同时以所在的户籍为取得资格权的重要标志，但是对于那些非农村户口但长期生活于农村且在实际中充分实现土地权益的人，不能否定其资格权的现实拥有。

二、宅基地管理制度面临的问题与挑战

宅基地制度作为中国特色社会主义特有的产物，为我国改革开放发展与社会和谐稳定发挥了积极作用，然而随着时代加速发展，宅基地制度面临越来越多的问题与挑战，如宅基地总量持续攀升、缺乏流动性、财产僵化等问题，已经成为制约乡村发展的重要制度壁垒。

（一）一户多宅及超面积占地现象普遍

尽管法律层面明确规定宅基地以户为单位，一户只能拥有一处宅基地，且面积有限制性规定，但实际情况是一户多宅及超面积占地现象普遍。原因是多方面的，一是由于宅基地实行无偿分配，农民获得宅基地几乎无成本，农民存在多占多得的心理，个人使用往往不会考虑对他人的影响，产生很大负外部性，建新不拆旧、批少建多、未批先建等现象屡见不鲜；二是利益驱动使然，一些农民多占宅基地建房后，违规用于出租、出售从中获利；三是监管不到位，有些相关职能部门对农民建房事前事中事后监管不到位，导致农民建房乱象丛生。

（二）宅基地闲置浪费严重

改革开放以来，我国工业化、城镇化快速推进，大量农村剩余劳动力向城镇转移就业，选择进城务工、经商等从事二、三产业，有些农户甚至全家常年居住在城市，宅基地处于常年闲置状态，由于宅基地缺乏退出渠道以及农民恋土情结，

现实中宅基地难以退出，农村部分住房常年闲置无人居住。同时，由于人口自然增长或分户，每年都会有农村居民申请新批宅基地，宅基地只进不出，宅基地总量呈增长态势，加剧闲置浪费现象，造成土地资源的大量浪费。据自然资源部的不完全统计，农村闲置住房面积约占村庄建设用地总量的10%~15%。我国人口城镇化率在提高，但全国宅基地总量未减反增，闲置数量愈来愈多，全国农村宅基地有近1/3闲置。造成这一问题的本质原因是宅基地无偿使用和无法有效退出。

（三）宅基地产权不完善

现行的宅基地产权制度限制了进城农民工的宅基地流转，宅基地退出缺乏资本化通道。长期以来，宅基地产权弱化、产权不完整已然成为宅基地无序扩张的重要因素，也是农民难以获得财产性收入的根本原因。法律规定宅基地所有权为农民集体所有，集体成员拥有使用权。由于集体所有权代表主体缺失、产权模糊不清，以及宅基地实行无偿分配、集体成员获取宅基地无须成本，导致宅基地俨然成了一种公共资源。《民法典》将宅基地使用权归类为用益物权，但只赋予其占有权、使用权，并未像土地承包经营权一样被赋予收益权、处分权，宅基地使用权存在先天的权能残缺。在制度设计中，宅基地被严格限制流转和抵押，仅是基于成员身份获得的居住权，交易受限，财产属性缺失，宅基地资产价值无法显现，更无法增值。

（四）宅基地隐形流转禁而不止

虽宅基地管理制度禁止宅基地对外流转，但随着经济发展，宅基地的经济价值日益显现，在现实利益的驱动下，各地不同程度地存在宅基地及地上住房的隐形交易行为，这其中有个人间的农房买卖、出租经营，也有利用宅基地进行建设、销售"小产权房"等。典型的如郊区农民将农房出售或出租给在城里无房的农民工。在发达地区，农民在宅基地上建造多层的高楼房屋，用于出租或分层分割出售给外地进城务工人员，呈现供需两旺现象。在较偏远的传统农区，宅基地私下流转也是司空见惯，一些在城镇有住房和稳定工作的农户，在举家进城后会选择将宅基地及地上房屋出售或长期租赁。宅基地隐形流转现象的存在，既扰乱了宅基地管理秩序、扰乱了土地市场、挑战了法律威信，也侵害了农民集体资产，更是留下了很多产权权属纠纷隐患。严禁宅基地流转已无法适应市场化与城镇化发展的要求，集体所有制下规范流转是完善农村宅基地制度的有效路径。

（五）宅基地资源市场化配置效率低

由于宅基地限制流转，不能像城市商品房一样自由买卖交易、出租经营，也不能办理银行抵押贷款，宅基地作为土地要素无法实现市场化配置，除少部分宅基地隐形流转外，大部分农民难以凭借宅基地及地上房屋获得财产性收入。一头是宅基地的大量闲置浪费，另一头是年年有大量的新获批宅基地，并且新宅基地不断挤占农用地包括优质耕地，由此造成宅基地总量不断攀升，宅基地资源市场化配置效率低下，而且造成农用地连年减少，土地资源变得越来越匮乏。随着乡村振兴战略实施，农村一二三产业融合发展越来越广泛，如农村电商、民宿经济、乡村旅游、物流仓储等产业发展，对农村用地需求不断增长。宅基地资源市场化配置效率低，已严重阻碍了农村经济社会发展和农民增收。

（六）宅基地管理体制机制尚需健全

农村宅基地利用管理涉及农业农村、自然资源、住房建设和综合执法等多个行政管理部门，这些政府部门间缺乏协同合作，致使农村宅基地管理效率总体偏低。具体表现为：村庄建设规划和土地利用总体规划衔接不畅且规划滞后，上下位规划在规划期限、编制办法、用地规模和指标控制等方面存在差异，规划管理体制未能理顺；在宅基地审批管理、执法管理、旧村整理改造和美丽乡村建设过程中各部门之间的工作协调度较低，从而难以发挥整体功效以引导村庄合理布局，促进宅基地集约节约利用。农村宅基地管理组织保障滞后。宅基地管理工作自 2019 年划转到农业农村部门之后，直至目前，基层宅基地管理机构普遍存在组织不健全、人员配备少和经费保障不到位等问题，致使宅基地审批、地籍档案管理、现场巡查、督察和执法监察等基础工作成效不明显。

三、宅基地"三权分置"改革的内容

1. 完善宅基地集体所有权行使机制。探索宅基地集体所有权的有效实现形式和行使路径。完善农村集体经济组织依法行使宅基地规划、分配、调整等权利的具体制度。指导农村集体经济组织制定宅基地管理章程，规范集体管理行为，明确管理要求。完善村民会议或村民代表会议讨论决定宅基地重大事项程序，健全议事协商机制和矛盾纠纷调解机制。

2. 探索宅基地农户资格权保障机制。完善宅基地分配制度，按照一户一宅、限定面积原则，细化以农户为单位分配取得宅基地的具体条件和实施办法。开展宅基地资格权人认定和登记工作。探索宅基地资格权多种实现形式。允许试点地区在尊重农民意愿的前提下，探索固化宅基地资格权的可行途径。完善不同区域农户户有所居多种保障形式。健全农民建房新增建设用地规划和计划指标保障机制。

3. 探索宅基地使用权流转制度。在落实宅基地集体所有权和保障宅基地农户资格权基础上，探索宅基地使用权流转的制度安排和具体路径。探索农村集体经济组织及其成员通过自营、出租、入股、合作等多种形式，盘活利用农村闲置宅基地和闲置住宅发展乡村产业的有效途径，研究提出相应管理措施。探索继承农房宅基地使用权管理办法。

4. 探索宅基地使用权抵押制度。在防范风险、权属清晰和保证农民有稳定住所前提下，探索赋予农民住房财产权（含宅基地使用权）抵押融资功能。探索"三权分置"条件下，宅基地使用权作为抵押物的价值评估和处置方式。研究农民住房财产权（含宅基地使用权）抵押融资风险缓释和补偿机制。

5. 探索宅基地自愿有偿退出机制。落实允许进城落户农民依法自愿有偿退出宅基地的有关规定，探索暂时退出、永久退出等不同方式的实施办法和补偿政策，多渠道筹集退出资金。对不符合现行法律和政策规定的"一户多宅"等问题，区分不同情形处理：有合理原因的，探索采取有偿方式引导退出；违法违规占用的，根据实际情况依法处置，应当退出的要予以退出。推进集体建设用地基准地价制订工作，科学合理评估宅基地和农民房屋价格。在符合国土空间规划和用途管制的前提下，探索通过整理、复垦、复绿等方式，对退出的宅基地有序开展整治，研究统筹利用的政策措施。依法依规实施城乡建设用地增减挂钩、集体经营性建设用地入市，为乡村振兴提供土地等要素保障。

6. 探索宅基地有偿使用制度。在本集体经济组织成员无偿使用符合规定标准宅基地的基础上，对历史上形成的"一户多宅"和超标准宅基地，以及非集体经济组织成员通过继承农房或其他合法方式占用的宅基地，探索由农村集体经济组织主导实施的有偿使用制度。通过民主协商，因地制宜确定宅基地有偿使用的标准和方式。

7. 健全宅基地收益分配机制。建立健全宅基地征收、流转、退出、经营等收益主要由农民获得的保障机制。完善农村集体经济组织获得的宅基地增值收益在集体内部分配机制和使用办法。创新宅基地增值收益集体部分使用方式，探索让集体成员长期分享宅基地增值收益的有效途径。

8. 完善宅基地审批制度。按照村级初审、乡级审批、县级监管的原则，改革宅基地审批管理方式。探索乡（镇）政府履行宅基地审批职责、提升承接审批权下放能力的有效机制。探索建立一个窗口对外受理、多部门内部联动运行的农村宅基地和建房联审联办制度，方便农民群众办事。探索进一步简化宅基地审批程序的具体措施。

9. 健全宅基地监管机制。落实县（市、区）、乡（镇）政府依法履行宅基地监管职责的能力。创新宅基地执法机制，优化执法程序，强化执法手段，推行综合执法，及时有效制止宅基地违法违规行为。探索按照权责一致原则，通过建立审批报备、核查等制度，强化对乡（镇）政府宅基地审批和管理的监管，防止土地占用失控。推进宅基地数字化管理，充分发挥大数据作用，建立农村宅基地管理信息系统，逐步形成宅基地信息"一张图"。加强政府部门间数据共享。

四、农村宅基地"三权分置"改革的实践样态

农村宅基地"三权分置"改革试点开展以来，各试点地区在农村宅基地的取得、退出制度建设，使用权的盘活路径方面进行了一系列的探索，本文选取中部地区的江西省鹰潭市余江区、东部地区的浙江省金华市义乌市、西部地区的贵州省遵义市湄潭县，对"三权分置"改革实践作比较分析。

（一）江西余江实践样态

江西省鹰潭市余江区，地处赣东北、信江中下游，下辖12个乡镇、7个农垦场，面积932.8平方公里，人口38.5万，农村宅基地"三权分置"改革前，全区有7.3万户农户，其中"一户多宅"2.9万户，占比达39.7%；"一户一宅"4.4万户，其中面积超标的有1.7万户，占比38.6%；闲置房屋23000栋，危房8300栋，倒塌房屋7200栋，农村宅基地及农房闲置较为严重。

主要改革措施：1. 将乡村振兴作为根本目的，重视农村宅基地改革与乡村振兴的互动，以农村宅基地"三权分置"改革推进乡村振兴，以乡村振兴促进农村宅基地"三权分置"改革。余江区区级层面出台了23项制度，乡镇制定了11项运行制度，村组制定了9项实施办法，初步构建了区、乡、村三级农村宅基地制度体系。通过落实"一户一宅"，释放空间，自主管理，实现有序运作。以农村宅基地改革工作为落脚点，推进农业现代化、基础设施建设标准化、公共服务均等化、村庄面貌亮丽化、转移人口市民化、农村治理规范化。2. 探索农村宅基地资格权多元保障模式，将农村分为"传统农区、边远山区、乡镇核心区、县城规划建成区"，探索"户有所居"的多种实现形式。在边远山区，鼓励符合建房条件且自愿放弃在原村建房的农民，在本乡镇范围内进行农村宅基地调剂并实行有偿使用，引导农民向集镇集中。在乡镇核心区范围，采取统规自建的方式落实"一

"户一宅"，建房占地面积不超过 100 平方米。在县城规划建成区，实行农民公寓、住宅小区安置。3. 落实农村宅基地所有权，发挥农村集体经济组织作用，解决农村宅基地闲置问题。对历史原因造成的"一户多宅"，结合实际采取累进递增的方式收取有偿使用费，对新申请农村宅基地的，按照有偿竞价的方式收取择位费。4. 探索农村宅基地的有偿退出机制。对因"一户多宅"应退出部分房屋破损、不具有经济价值的，对住房根据其建造面积按 20~150 元 / 平方米补偿，厕所、厨房等附属设施按占地面积，以 10~30 元 / 平方米补偿，收回农村宅基地使用权。对集体经济较为薄弱的村集体，通过乡贤捐资、垫资等方式筹集补偿资金，对补偿资金不足的，采取台账式"宅票"管理，将退出农村宅基地面积记账，签订退出协议，待村民子女申请建房时，给予相应的面积或金额补偿。对"一户多宅"应退出农村宅基地房屋完好的，鼓励在集体经济组织内部成员间流转、置换、出租，充分利用、减少浪费。享受优惠政策退出，主要是对有条件有意愿进城落户的农民，承诺放弃 15 年建房资格，采取优先租用保障性住房、购买政府优惠的商品房、享受城镇居民上学就业同等待遇等优惠政策，鼓励其退出农村宅基地。

江西余江通过农村宅基地改革试点，采用收取有偿退出和无偿退出相融合的方式，在一定程度上解决了历史遗留问题，使农村宅基地无序使用的乱象得到遏制，农村建房管理得到规范，农民依法用地意识增强，有效破除了"宅地私有"和"祖业观念"，促进了农村宅基地集体所有制观念的回归，农户建房重回"一户一宅、面积法定"的公平起点。2015 年开展试点以来，截至 2019 年，共退出农村宅基地 36439 宗 4862 亩，其中有偿退出 8071 宗 1127 亩，无偿退出 28368 宗 3735 亩；收取农村宅基地有偿使用费 8048 户 1144 万元，退出农村宅基地复垦 991 亩，流转农村宅基地 1132 宗 221 亩，释放的空间可以解决未来 10-15 年时间农民建房用地需要，试点以来 90% 的新增农村宅基地是通过利用存量农村宅基地实现的，避免了新占耕地。邓埠镇桥西殷家村、马荃镇岩前倪家村、杨溪乡管溪陈家村等地利用退出的闲置农村宅基地，加快培育休闲农业、农家乐、乡村旅游等新产业新业态。平定乡蓝田宋家村利用 100 多间闲置农房，发展乡村民宿产业，为鹰潭红旗干部学院提供教学后勤保障。

（二）浙江义乌实践样态

浙江义乌拥有全世界最大的小商品市场，因地处丘陵盆地，人多地少的矛盾较为突出，建设用地长期存在缺口，农房建设较为粗放，土地资源配置效率不高。

2010 年至 2017 年间，当地传统商贸业和新兴电商业快速发展，提供了大量就业和创业机会，常住人口增长了近 37%，建设用地需求量激增。2015 年，义乌市通过摸底调查，发现全市已完成或基本完成新农村建设的 174 个村中，可盘活建设用地约 2200 亩；正在实施新农村建设的 146 个村中，有用地缺口的约为 103 个村，需增加用地约为 2300 亩。建房用地需求和可盘活利用土地大体持平，浙江义乌的农村宅基地改革围绕盘活使用权，增加建设用地指标而展开。

主要改革措施：1. 在全国首创农村宅基地所有权、资格权、使用权"三权分置"，并系统建立了"1+7+9"（一意见、七办法、九细则）的制度体系。2. 完善农村宅基地集体所有权行使机制。坚持"尊重事实、一户一宅、面积法定"的原则，妥善处理农村宅基地历史遗留问题，针对问题特点，实行分类处理。健全基层的农村宅基地民主管理机制。3. 探索农村宅基地资格权多元保障模式。制定了《义乌市农村宅基地资格权益登记工作规则》，对农村宅基地资格权进行权益登记，对城乡新社区聚集建设置换权益，资格权权益质押进行了规范。探索多元化农村住房保障机制，在城镇规划区红线内，实施城乡新社区集聚建设，农户以合法农村宅基地占地面积按 1 ：5 置换权益面积，采取"1+X"多元方式保障农户资格权，"1"是指保证必要居住条件，"X"表示可置换的高层住宅、仓储、商业住房和货币。在城镇规划范围之外，按照"一户一宅、面积法定"原则，保障农户农村宅基地资格权。积极探索农村宅基地的有偿取得，农户无偿取得的农村宅基地资格权，允许在本村集体经济组织成员之间进行有偿调剂，并建立农村宅基地基准地价体系，公开竞争，有偿选位，截至 2018 年，累积获得选位费约 43 亿元，其资金主要用于村庄基础设施建设。建立农村宅基地使用权交易制度，完成更新改造的村庄，允许在本市区域内跨集体经济组织转让农村宅基地使用权，使用权年限上限为 70 年；没有完成改造的村庄，可以在本村内部进行转让。4. 创新农村宅基地使用权盘活利用机制。在推进农村宅基地不动产登记制度基础上，拓展农村宅基地使用权权能，建立农房抵押风险补偿机制和抵押司法处置制度。发展多样化的农家旅游、休闲娱乐、文创电商、采摘打捞等农村新业态。实施农村电商促进计划，实现财产性租金收益大幅增长。2018 年，全市农村居民的人均可支配收入由改革前的 25963 元增加至 36389 元，人均财产性收入由改革前的 3063 元增加至 4306 元，增长率分别为 40.2% 和 40.6%。探索建立"集地券"交易制度，腾退农村宅基地面积折算成建设用地"集地券"，"集地券"实质上交易的是土地发展权，要获取农地的开发权，就需要先向农民支付一笔资金，以作为补偿。义乌市将农村宅基地使用权人自愿退出的农村宅基地进行复垦，验收合格后折算成建设用地指标，即"集地券"。政府按 40 万元每亩的最低保护价回购，也可通过平台进行交易或向金融机构进行抵押贷款，资金收益扣除土地整理成本后归农户和村集体所有。2019 年，完成"集地券"2162 亩，集体经营性建设用地入市 19 宗 116 亩，登记发放不动产证 6.2 万户，撬动农村沉睡资产 530 亿元，改革成果获自然资源部肯定。

（三）贵州湄潭实践样态

湄潭县位于贵州省北部，属于典型西部山区，农户呈散居形态，户均农村宅基地面积较大，利用较为粗放，大量农村宅基地废弃闲置、农户流转意愿强。湄潭县自 20 世纪 80 年代以来，一直处在农村改革前列，1980 年开始试行家庭承包责任制，1984 年家庭承包责任制在全县普遍推开，激发了农民生产积极性，农业产出大幅提高，粮食单产由 1958—1979 年期间 0.6% 的年均增长率提高到8.1%，粮食总产量年均增长率也由 0.7% 提高到 4.8%。但新增人口和劳动力要求重新调整和分配土地的压力日益凸显，为解决频繁调整承包地带来的土地权利不稳定问题，1987 年湄潭县被确定为全国农村改革试验区，在改革实践中，探索出农村承包地"增人不增地、减人不减地"的政策，稳定了农民增加农地投入的预期，极大地调动了农民的积极性，农民尝到改革红利，因此，湄潭县推行农村宅基地"三权分置"改革有较好的群众基础。

主要改革措施：1.2017 年湄潭县成为农村宅基地"三权分置"改革试点，试点工作开展以来，县级层面先后制定了《湄潭县农村宅基地制度改革试点实施方案》《湄潭县加强农村宅基地管理的实施方案（试行）》《湄潭县农村宅基地管理暂行办法》《湄潭县农村宅基地有偿使用管理暂行办法》《湄潭县农村宅基地腾退及节余建设用地使用办法》《湄潭县农村宅基地使用权确权登记颁证实施细则》《湄潭县宅基地资格权认定管理办法（试行）》等，涵盖了农村宅基地管理、确权登记、农村宅基地使用权流转、资格权认定、农村宅基地腾退等内容。除了县级层面统一的制度规范外，各乡（镇）还结合实际进行了细化，各村制定了农村宅基地管理公约，形成了较为完善的县、乡（镇）、村农村宅基地制度体系。2019 年，在原来的制度体系的基础上，结合农村宅基地深化改革的需要，对制度体系进行了完善和补充，将乡村振兴战略、协调推进其他类型农用地改革有机结合起来，制定了《湄潭县探索农村宅基地"三权分置"助推乡村振兴的实施意见（试行）》《湄潭县土地增值收益核算暂行办法（试行）》《湄潭县集体经营性建设用地入市集体收益分配及使用监督管理办法（试行）》《湄潭县处理农村宅基地历史遗留问题的意见》等规范。进一步完善了制度体系，为湄潭县推进宅基地"三权分置"提供了制度保障。2. 盘活农村宅基地使用权，对农村集体经济组织收回的农村宅基地，实行统一管理规划，按照"宜耕则耕、宜农则农、宜建则建"的原则统筹安排使用，给符合条件的农村宅基地申请人使用，或将其应用于农村公益事业和公共设施建设。利用集体经营性建设用地入市渠道，将农村宅基地复垦后形成的建设用地指标，通过交易平台调整到县域二、三产业发展区，用于工业、仓储、商服等经营性用地。农村宅基地有偿使用费收取标准取决于农村集体组织的意愿，有偿使用费由村股份经济合作社收取，主要用于农村宅基地回购、建设用地储备、公共设施和公益事业建设、村民养老保险、村集体经济组织壮大等。在借鉴农村承包地"三权分置"的做法的基础上，创新性地提出分离农村宅基地使用权与经营权，向农村宅基地使用权人颁发"房地合一"的不动产权证，向经营者颁发农村宅基地经营权证，一方面消除经营者的投资顾虑，另一方面村民获得租金收益和经营分红，增加农民的财产性收入。在原有的农村宅基地租赁关系仅涉及投资者与村民两方的基础上，增加村民股份经济合作社为租赁关系的第三方，履行对出租农户和投资者的监督管理权利。典型的改革案例为"户晓民宿"和"乡妹旅游合作社"。"户晓民宿"的投资者张某某获得湄潭县不动产登记部门颁发的首份"农村宅基地经营权证"，"户晓民宿"农村宅基地使用权人邹某某等4人获得不动产权证，农村宅基地使用权及经营权分别得到明确。湄江街道金花村将美丽乡村建设与乡村旅游、农村改革与产业发展结合，组建"乡妹旅游合作社"，将大青沟组村民的茶园、耕地、山林、荒地及黔北民居统一收储到合作社，作为资源股入股到贵州七彩部落乡村旅游开发公司，由公司运作、利益分享，村民在保底分红的基础上，享有10%的净利润分红，村集体享有1%~1.5%的分红。3. 拓展资格权保障范围。制定了《湄潭县宅基地资格权认定管理办法（试行）》，按照"资格到人，不重不漏、按户实现、户有所居"的原则，在集体经济组织内进行认定农村宅基地资格权，且只能实现一次，颁发了首批《湄潭县农村宅基地资格权证》。因升学、兵役、服刑、自行出资购买养老保险转为城市户口的，可以保留原集体经济组织成员资格，其在原农村集体经济组织取得农村宅基地使用权，或者在农村宅基地上建设农房的，可以申请不动产确权登记，并在不动产登记簿和不动产权证书备注"该权利人保留本集体经济组织成员资格"。2019年7月3日，湄潭县龙凤村举行了贵州省首宗农村宅基地有偿使用签约仪式，外来茶产业工人王安武向村集体缴纳农村宅基地有偿使用费 4.4 万元，有偿使用农村宅基地 200 平方米，成为贵州省首位在非户籍地有偿取得存量农村宅基地使用权的农民。2019 年全县腾退闲置农村宅基地 737.06 亩，开展农村宅基地有偿使用 151 户。非集体经济组织成员的农户有偿取得存量农村宅基地，实际上是农村宅基地资格权跨集体经济组织实现的尝试，有效解决了农村宅基经济组织只进不出以及外来生活、工作人员永远不能取得农村宅基地的问题，这并不违反农村宅基地"三权分置"改革的底线，是农村宅基地资格权行使范围拓展的有益尝试。

（四）三个"实践样态"的比较分析

从江西余江、浙江义乌、贵州湄潭的改革实践来看，虽然改革措施各有差异，但都涉及所有权落实、资格权保障和使用权盘活。但改革探索中各有侧重点，江西余江注重发挥村民委员会（农村集体经济组织）作为农村宅基地所有权行使人的作用。浙江义乌侧重于使用权盘活，探索形成了以"集地券"为特色的使用权盘活方式。贵州湄潭在宅基地资格权方面，突破了原集体经济组织成员范围的限制。在所有权落实方面。江西余江通过发挥集体经济组织作用，采用经济手段，对因历史原因造成的"一户多宅"收取有偿使用费，对新增农村宅基地，收取择位费，对退出农村宅基地的，也由集体经济组织有偿收储。浙江义乌通过健全基层民主决策机制完善所有权的行使机制。贵州湄潭在农户自愿退出的情况下，集体经济组织有偿收回农村宅基地使用权。在使用权盘活方面。江西余江通过退出、置换等方式盘活使用权，探索建立了"宅票"制度，退出宅基地使用权的，可以在未来置换相同面积的宅基地使用权。浙江义乌通过"集地券"制度，将退出宅基地使用权的补偿票证化，通过"集地券"交易，实现农村宅基地的财产性权益。贵州湄潭通过建设用地指标交易、农房使用权证与经营权证分离的方式，盘活农村宅基地使用权。在资格权保障方面。江西余江主要采取分类保障、跨区行使，并探索一定期限内放弃资格权，到期后可行使资格权的方式。浙江义乌实行跨集体经济组织保障资格，并扩展了资格权保障的方式，给予农户灵活的选择权。贵州湄潭探索了资格权突破集体经济组织成员界限，通过集体经济组织民主议定程序，对原不属于集体经济组织范围内，但长期在集体经济组织内工作生活的农民，赋予农村宅基地的资格权。

三个"实践样态"也还存在一些共性问题：1. 产权制度与管制混同，重管制轻产权。构建了较为完善的农村宅基地管理制度，但产权制度尚不完善。2. 盘活农村宅基地使用权和农房使用权，探索农村宅基地自愿有偿退出方面力度不够，使用权盘活方式仅限于政策明确的范围，农户、村民委员会或集体经济组织自主探索的空间不大，未明确非禁止即准许的使用权盘活原则。资格权保障范围的扩展较小，虽然贵州湄潭县探索集体经济组织外的农民有偿取得宅基地使用权，实质上也取得了农村宅基地的资格权，但在制度层面尚未明确外来户获得资格权的条件。浙江义乌规定跨集体经济组织转让农村宅基地使用权，年限最高为70年，这种有期限的宅基地使用权，与原集体经济组织无期限的宅基地使用权存在差异，在一定程度上降低了边远村庄农户退出宅基地，向中心村、城镇聚集的积极性，制约了使用权的盘活。3. 使用权的盘活与农村产业发展的联结点薄弱，农村宅基地市场要素功能未得到很好体现，农村宅基地使用权盘活与农村一二三产业融合发展的结合度不高，使用权盘活的市场机制尚不健全。4. 改革的重心在于农村宅基地流转及腾退，对盘活农村宅基地使用权后，如何优化农村宅基地要素配置，助推国内循环及乡村振兴，还有待进一步探索。

五、农村宅基地"三权分置"改革管理对乡村转型的影响

（一）对于乡村人口发展的影响

对于农村经济发展来说，宅基地制度的改革与推进有着重要意义。从当前的实际情况来看，我国农村经济发展中还存在很多问题尚未解决，导致农村人口城镇化转移问题十分严重，"人走房空"问题较为常见，增加了农村空心化程度，导致大量的房屋被闲置，严重影响了农村宅基地利用效率，也在一定程度上增加了农民住房财产权的隐性损失。与此同时，新时期环境下我国城镇土地价格逐年增长，而农村经济却出现疲软问题，这种现象的存在也在一定程度上影响了农村的长远建设与发展。在这种环境下推行农村宅基地制度改革，可以有效促进乡村建设与发展转型。总体上来看，农村宅基地制度改革对乡村转型有着很大的影响，具体主要表现在以下几个方面：

一是丰富乡村人口收入来源。在过去的一段时间里，一些偏远地区，农民的经济收入主要来源于耕地。在实施宅基地制度改革之后，除了耕地收入以外，一部分农户开始通过进城务工来增加经济收入。对此，地方政府应该予以深度调查和分析，结合各地区的实际情况，来对农村宅基地制度进行差异化的改革，符合当地经济发展要求的同时，尽可能地盘活土地存量，这样才能有效提升农民生活水平。

二是改变乡村人口生活方式。从本质上来讲，人们的生活方式不仅取决于自己传统的生活习惯，同时也会受到其他居民生活习惯的影响。改革开放之后，城镇在与乡村进行不断互动的过程中，也促进了人们生活方式的转变，尤其是对于农村居民来说，受到城市生活方式的影响很大。在宅基地制度改革实施后，有效促进了乡村与城镇之间的紧密联系，不仅居民的居住点发生了变化，其生活方式也受到了一定的影响和感染，主要体现在生活设施、房屋建筑、精神需求和生活习惯等方面。在这一环境下，农村居民的生活态度也发生了明显的转变，基本上已经脱离了原本的乡土生活状态，包括消费行为在内的生活需求都有所提升，在很大程度上深入促进了乡村与城镇的融合。

三是转变乡村人口身份。不同地区的宅基地制度改革也存在一定差异，在不同模式的影响和管理下，农村原住居民的市民化程度也有所提升，其具体身份也发生了很大的变化。主要表现为以下几个类型：农民（主要群体为原本处于偏远地区的农户）；半市民（在宅基地制度改革实施前，对城镇存在依赖的农户）；市民（主要群体为"城中村"居民，其身份从农民直接转换为市民）。由此可见，各地区政府在实施宅基地制度改革的过程中，应该允分考虑到不同地区农户的不同情况以及基本诉求，不能采取一刀切的形式，针对不同地区推行差异化的制度改革政策，这样才能有效促进农村地区经济发展。

（二）对于乡村土地利用的影响

对于人们的实际生活与社会生产来说，土地是人们活动的重要载体。无论是古代还是现代，人类所有的活动都是在土地上进行的，不同时期、不同背景下，人们对于土地的利用方式也在一定程度上反映出了人类社会的发展与进步，在这一过程中，乡村土地的利用情况也在一定程度上取决于土地制度的调整和变化，因此也存在一个不断转型的过程。区域土地利用转型指的是在社会经济发展和相关政策革新的前提下，在某段时间内某一区域采取某种手段来促进土地利用形态的转变，与社会发展阶段和经济体制转型有着密切联系。因此总体上来讲，宅基地制度改革的实施，对于乡村土地的利用也有着巨大的影响。具体主要表现在以下几个方面：

一是提高乡村土地利用效率。宅基地制度改革的实施是在土地资源紧缺背景下进行的。在过去的一段时间里，我国城镇用地出现了供不应求的问题，而在这种环境下，乡村土地使用效率却始终无法得到有效提升，甚至出现了粗放经营的问题。对此，宅基地制度改革的最终目标便是有效提高乡村土地使用效率，并通过适当增减农村建设用地来为城镇提供更多的用地指标。从当前的实际情况来看，我国各地区农村宅基地制度改革的内容主要集中于土地流转和宅基地退出两个方面，这一过程中，政府不仅可以整合原有的零散宅基地，针对土壤状况来对其进行复垦，也可以将本身位置较好的土地租赁给地方工商企业。另外，也可以建立全新的居民居住点，将农户集中到一起，周边修建相应的配套设施，满足农户基本生活需求，有效提高了农村土地利用效率。

二是改变乡村土地利用结构。政府在宅基地制度改革实施的过程中发挥了重要作用，既要引导农户角色的改变，也要将原本零散分布的宅基地进行整合，将其变为整块的居住区。在这一制度的实施下，农户也可自愿将原有的宅基地进行同等价值的置换。通过这些操作，在一定程度上促进了乡村土地利用结构的转变，农村居民居住点变得更加集中，同时也有效缩减了建设用地指标，有效避免了土地浪费的问题，促进了土地利用效率的提升。最近几年以来，随着城镇建设用地价格的不断高涨，越来越多的工厂企业在农村选址，这一操作不仅为农村地区的居民提供了就业机会，同时也为一些不方便离家的农户家庭增加了经济收入。除此之外，在整合零散居民点之后，一些乡村地区也带上了很多小型服务业，比如超市、餐馆、汽车维修等，通过不同行业网点的穿插，也在一定程度上改变了乡村土地利用结构。

三是凸显乡村土地使用功能。土地资源具有很多不同的功能，其中主要可以分为生活功能、生产功能、生态功能三个方面，而这些功能的最终目标便是促进土地资源的可持续性利用和发展。在土地资源的利用与发展过程中，这三种功能相互支撑，形成了一个良性循环，在很大程度上增加了土地资源的利用效益。而农村宅基地制度改革的实施，进一步凸显了乡村土地的实用性功能。具体主要表现在以下几个方面：第一，农村宅基地制度改革实施后，原本处于基础地位的土地，其生态功能并不会发生太大的变化，会进一步促进人与自然的和谐发展，为土地资源的可持续利用奠定有力基础。第二，农村宅基地制度改革实施后，可以有效提高农村居民生活质量。政府部门也会对于土地的生活功能予以高度重视，并结合地区实际需要，依托当地自然资源来为人们建设多样化的休憩场所。第三，农村宅基地制度改革实施后，土地的生产功能会发生很大的变化。在这一过程中也会牵扯到部分居民的实际利益，进一步强调了土地的生产功能，并提高了其根本的应用价值，避免了耕地大量浪费问题的出现。

总体上来讲，在实施宅基地"三权分置"改革之后，土地资源的以上三种功

27

能均被充分凸现，为促进农村经济发展建设创造了有利条件。

（三）给乡村产业发展带来的影响

一是改变乡村产业结构。相关调查研究显示，世界上的工业发达国家均有一个比较相似的特点，那就是全都经历过乡村产业的结构性变革。从起初的小农经济逐渐发展为后来的社会化生产，在改变传统农业的同时促进农业发展的产业化，并在此基础上推进乡村转型。从当前的实际情况来看，我国政府对于宅基地"三权分置"政策的实施予以了高度关注，希望可以通过促进乡村旅游业的发展来改变部分乡村产业结构，而并非是将所有精力都集中在传统农业发展上。在这一政策环境下，宅基地制度改革的实施，成为了当前推进乡村产业振兴与发展的有效途径。

二是拓宽产业融资渠道。在我国农村地区尚未实施宅基地制度改革的时候，农村与城市之间缺乏紧密联系，城市的快速发展并没有带动农村产业的进步。而在宅基地制度改革成功实施之后，为推进我国城乡一体化发展创造了有力条件，也为乡村产业转型的快速实施提供了全新的思路。在这种环境下，农村居民可以按照自己的意愿自由处置自己的宅基地使用权，可以将其抵押给相关机构，然后利用所得钱款自主创业，增加自己的经济收入；与此同时，抵押单位也可以将房屋统一做他用，建立相关企业或工厂，有效推动城乡协调发展和进步。另外一些自然风景优美的偏远地区，在宅基地改革制度实施后，可以让地区土地使用效率变得更高，过程中政府可以充当引导性角色，帮助乡村走向乡野旅游发展道路，提高地区农民经济水平。在当前我国社会经济快速发展的环境下，城镇居民生活压力不断增大，他们渴望走到田间乡村放松自己，地区政府可以抓住这一特点，因地制宜地充分发挥农村土地优势，打造优美的人文自然景观，开发地区乡村旅游业，以此来带动交通运输和餐饮住宿行业的发展，打造一条完整的旅游产业链。既能够优化乡村产业结构，也能够在一定程度上有效增加乡村剩余劳动力的经济收入。

三是促进乡村产业非农化。农村宅基地制度改革实施后，对于城市近郊居民进行了有效的居民点整合，增加了人口密度。此时各地区也在纷纷推进"第二产业退出，第三产业发展"的城市产业结构调整，在这种环境下，很多小型工商企业开始迁址到近郊，这一操作有效促进了近郊乡村产业非农化发展，也为当地剩余农村劳动力提供了就业的机会，促进了该地区地域人口数量的聚集，也在一定程度上带动了餐饮住宿、交通运输等行业的发展。

总而言之，我国农村宅基地"三权分置"改革的实施，从多个方面影响着乡村转型的推进，主要体现在了乡村人口变化、乡村土地利用和乡村产业发展等几个方面，在很大程度上促进了农村地区的经济发展。

六、农村宅基地"三权分置"路径优化

（一）明晰宅基地权属性质

宅基地资格权是一项新生成的权利类型，学界对此权利定性尚存在一定的争议，从现行政策文件和各地试点经验来看，将宅基地资格权定性为成员权更为合理。主要基于以下缘由：其一，乡村社会以血缘关系为基础构造，农村集体经济组织成员的身份是获取宅基地资格权的基础，以此保障农民最基本的居住权符合宅基地改革的主要目的，使农户与村集体之间形成了纽带关系又兼顾资格权的身份属性和财产属性。其二，相关法律赋予了村集体经济组织成员权的基本权利，包括管理、监督、收益、分配、退出等，宅基地资格权内涵正好符合成员权的基本特征。其三，宅基地资格权与成员权的确定形式相一致，不仅仅需要有法律政策上的规定，也可将村集体组织内部制定的村规民约与村民自治章程作为认定依据。当明晰宅基地资格权属于成员权后，介于当下尚无明确法律对此权利做出详尽的法权解释，为切实保障村集体成员资格权，应该对宅基地资格权从立法层面上进行明确的规定，通过制定具体的法律法规明晰宅基地资格权的权利属性、内涵、权能等，使这项权利真正有法可依，从而避免资格权在行使过程中出现不利于村集体内部和谐的情况，这对于盘活农村闲置宅基地和促进宅基地资源合理配置有着重大的作用。

（二）因地制宜创新改革效果

各地区经济发展不平衡，地区改革效果也有所差异，但宅基地改革始终应坚持以农民为主体，将维护农民权益作为不容突破的底线。将市场与政府有机结合起来，实现资源配置的最优化，要因地制宜、区别对待，实行"一村一策"，要根据各地的情况科学制定针对性政策，合理布局村庄宅基地利用规划，让不同地区农户的居住权益得到保障，从而避免宅基地产权在行使过程中因结构不相匹配而造成的非必要损失，提高宅基地资源的利用效率，确保宅基地改革风险在可控范围内。

1.经济较为发达的地区，通过放活宅基地使用权推进农村城镇化

通过放活宅基地使用权来重点发展第二、第三产业，推进农村城镇化。同时，地方政府积极探索宅基地权能，对村庄可利用土地进行合理规划，通过村集体组

织主导进行宅基地有偿使用，妥善解决由于历史原因遗留下来的关于宅基地多占、超占等问题。获得的有偿使用金成为村集体的主要资金来源，反馈于村集体的基础设施、教育、医疗、公共资源投入等民生工程，这对闲置宅基地盘活和乡村建设有一定的促进作用。以浙江义乌为例，这里率先提出"资格权"这个概念，坚持农民的主体地位，积极探索宅基地有偿获得和有偿退出机制，合理规划集中居住区和工业区，使农民"住有所居"，切实保障农户住房权益，又通过放活宅基地使用权允许跨村集体房屋转让，也在一定程度上提高了农户财产性收益。

2. 在经济欠发达的地区，注重宅基地整治和提高农民经济收益

我国中西部地区城镇化水平总体仍然较低，农村地区未开垦土地较多，宅基地市场价值不明显。当地农户仍需依靠土地来维持基本的生活水平，大量农民没有能力在城镇购房，若参照发达地区将宅基地租赁、转让或有偿使用，对于收入不高的农民来说将成为生活负担。因此，欠发达地区宅基地改革要着眼于保障农民的居住权益，最大限度将宅基地制度改革与乡村振兴效应相结合，以不断提升农村人居环境和改善村容村貌为导向，将工作重心放在宅基地整治和提高农民经济收益上。村集体经济组织要合理规划、统筹布局，采取宅基地权属置换、退出土地、复垦确权等方式与用活增减挂钩政策相结合，来助推宅基地制度改革。以安徽省金寨县为例，作为国家级贫困县，在国家政策支持下，金寨县把宅基地改革与易地扶贫搬迁相结合，通过城乡用地增减挂节余指标在省内流转交易的政策引导农村居民向城镇或中心村迁移并有偿退出宅基地，取得了十分显著的成效，打造了宅基地改革与地区脱贫攻坚协同联动发展的新形式。

3. 在旅游资源较为丰富的地区，统一开发改造闲置基地，激发宅基地的财产功能

这些地区生态环境优美，结合特色的旅游资源合理规划，可以放活宅基地使用权，鼓励农户通过自主经营、委托经营、入股等方式，或由村集体组织吸引社会投资，统一开发改造闲置宅基地，将发展重点放农家乐、民宿、休闲旅游等新业态，同时规范公共厕所和停车场等相关配套措施，以激发宅基地的财产功能。以著名旅游地区云南大理市为例，该地区创新宅基地使用权的行使方式，政府鼓励农户合理使用自家宅基地，依托当地特色风景、民族文化等旅游资源，开办民宿客栈、出租房屋、餐饮小店等拉动第三产业发展。云南大理市通过放活宅基地使用权，不再局限于村集体内部流转，而是通过自营或出租等多种方式对宅基地进行经营使用，以此来进一步增加农户的财产性收入，也为其他特色地域稳妥推进宅基地改革提供参考经验。

（三）健全宅基地相关法律法规体系

依法治国是党领导人民治理国家的基本方略，宅基地改革不能长期游离于法律之外，将宅基地"三权分置"改革从政策层面融入中国特色社会主义法律体系中是十分必要的。为巩固"三权分置"改革成果，有必要在认真分析研究各地宅基地管理实践经验的基础上，进一步健全宅基地相关法律法规体系：第一，对于《土地管理法》涉及宅基地管理的相关规定应进一步细化，明确法律责任，当出现职责划分不明确时，要保障农民的经济权益，清晰地划分出主体权益，建立多元纠纷处理机制，避免出现宅基地因执法职责问题出现争议。第二，针对宅基地使用权权能受限的问题，通过细化《物权法》的相关法律条文，注重保障农民的经济收益，放开宅基地使用权的流转限制，适度将宅基地拓宽至集体经营建设性用地或发展乡镇产业等形式，进而增加农民的财产性收入，以适应当前宅基地改革的要求。因此，通过完善宅基地相关法律体系，进一步明晰宅基地的权能、流转、退出等问题，弥补相关政策缺口，探索关于宅基地管理的法治化道路，将成为促进乡村振兴的重要手段。

在实施农村土地"三权分置"制度的过程中，政府部门积极进行引导和规划，不断完善顶层设计工作。现阶段，我国相关法律体系还存在一定的缺失，"三权分置"制度方面的法律不完善，且农村土地承包权和经营权的口径不够统一，缺少"三权分置"制度方面的相关法律，极易出现改革纠纷问题，进而阻碍农村土地权利和制度的有效改革。因此，为了实现农村土地"三权分置"制度的有效实施，政府相关部门需要制定相应的法律法规，完善农村土地权属法律体系，以保证在保护农民承包权不受侵害的基础上，为土地流转过程中的土地经营权益提供保障。首先，不断完善现有的土地法律法规，如调整《物权法》《土地承包法》等条文规定，从法律角度完善农村土地"三权分置"制度。其次，为了明确农村土地经营权和承包权，为土地经营人员的合法权益提供保障，并明确土地经营者的权益范围，相关部门需要增添新型的法律条文。最后，将国家土地补贴政策落实到实际土地管理中，改善传统的补贴方式，完善新型的分流定向补贴模式，如将粮食补贴款直接发给农村土地经营人员手中，充分发挥出补贴的作用。

在实施农村土地"三权分置"制度的过程中，必须充分发挥政府部门的顶层规划设计、推广和引导作用，将"三权分置"制度落实到实际工作中。农村土地改革既包含农村土地的改革，还包含相关领域的改革，政府部门应该针对农村土地改革实际，加强宣传教育工作力度，实现社会养老体系等领域的共同发展，为农民的双向流动选择权益提供保障，进而实现农村土地"三权分置"的路径，推动农村经济的快速发展。

（四）鼓励自愿退出的同时尊重农民意见

农民宅基地退出意愿低，可以进行合理引导，向村民宣传宅基地退出中正向典型案例，加强宅基地退出政策宣传与解读，消除农户对宅基地退出过程中地方政府获益、农民权益受损等认知偏差。另外，应采取一定的激励机制，鼓励农民自愿有规划退出闲置的宅基地，积极探索多样化的补偿制度，如货币补偿、城镇住房、社会保障等方式。在确定合理评估补偿标准后，可以根据退地农户的不同需求，采用差别化方式实现宅基地有偿退出，促进我国土地资源的合理配置，既考虑农民的现实利益，又对未来生活予以保障。对于坚持不退出的农村居民，要充分尊重意见，不强迫农村居民退出宅基地，切实保护农民土地权益。尊重农民意愿是宅基地制度改革顺利推进的前提。在江西余江改革试点工作中，坚持让农民成为改革的第一主角，农民意愿得到充分落实，广大农户积极主动退出。

（五）完善宅基地退出保障机制

政府应在充分考虑综合素质、价值观念、生活方式、行为习惯的基础上，创建多种保障机制，给农户选择的机会。首先，凭借宅基地退出的有效面积，按照每户面积多少的补偿金进行相应的补偿。对于土地增值部分的补偿，广泛采取市民与农民的意见，切实维护农民土地所有权。其次，让农民自愿选择退出与补偿机制，决定是完全退出还是半退出，政府应尊重农民的意愿。最后，健全社会保障体系，落实就业政策，将商业保险提上日程，给予农民更高程度的保障。

完善农村宅基地退出机制，明确宅基地主体、方式、期限、保障措施、补偿标准等，充分调动农户的积极性。在法律上规定一户一宅的土地管理制度，依法维护农民在宅基地置换中的主体地位。建立公众参与和监督制度，吸纳农民、村委会及专业人士的意见。规范政府在土地流转中的行为，明确政府的角色定位，从实际出发，实施符合农民自愿、利益保障与承受能力的改革。不得在退出过程中压价、克扣农民的补偿费用。对于"强买强卖"的行为，国家法律应给予严厉确定的惩罚，以法律为权威，全力打击侵害农民利益的行为。减少置换周期，改变审批的进程，进一步委托下放宅基地管理审批权限，在法律中将审批权限认真划分，建立多部门联合审批机制，提升审批时效。

第二章

宅基地管理

第一节　农村宅基地

一、农村宅基地的定义

农村宅基地是我国特有的概念，在 20 世纪 60 年代初才正式出现，在此之前，农村也存在住宅用地，但与其他类别的土地仅有用途差别，并未出现"农村宅基地"这一词语。1956 年《高级农业生产合作社示范章程》第十六条规定："社员原有的坟地和房屋地基不必入社，社员新修房屋需用的地基和无坟地需用的坟地，由合作社统筹解决，在必要的时候，合作社可以申请乡人民委员会协助解决。"这里出现了与农村宅基地相近的概念"房屋地基"。1962 年《农村人民公社工作条例修正草案》规定，生产队范围内的土地，都归生产队所有。生产队所有的土地，包括社员的自留地、自留山、农村宅基地等等，一律不准出租和买卖。这是官方文件中首次出现了"农村宅基地"一词。此后，"农村宅基地"一词出现在多个规范性文件中，逐步上升为法律术语，但官方并未对"农村宅基地"下定义。笔者认为，农村宅基地是指农村居民居住生活而建造房屋等建筑物所占用的土地，包括住房、辅助用房与房前屋后庭院用地。宅基地是从村集体所有的土地中采用无偿、无使用年限的方法划拨给村民的，法律规定村民对宅基地仅拥有使用权，而所有权属于村集体。农村宅基地只能用于自建住房。

农村宅基地具有功能双重性和价值多元性。农村宅基地具有生活资料和生产资料双重属性，简单将农村宅基地的性质划定为生活资料，或者用农村宅基地的生活资料属性来替代生产资料属性，会导致研究结果的偏差。农村宅基地与国有建设用地存在本质差异，只有农民才有资格申请农村宅基地。农村宅基地"三权分置"改革前，农村宅基地只有经过征收途径，转变为国有建设用地，方能进入土地市场交易。农村宅基地与农民紧密相连，主要用于建造农房，但农村宅基地并非与农房一一对应。农房除了居住功能外，还用于储藏粮食、放置农具等生产功能，在传统农户为经营单位的情况下，农村宅基地为农村劳动力提供必要的居住空间，是农业生产的重要组成部分，农村宅基地的占地面积往往大于其地上农房的占地面积，超过农房占地的空间往往具备生产功能，比如家禽圈舍、家庭手工作坊等。因农房具有居住功能，便将农村宅基地的性质归结为生活资料，属于本末倒置的做法。有学者指出，农村宅基地上房屋用于农户生活，属于生活资料，但并不意味着农村宅基地也是生活资料。随着农村大量人口外出务工，农业规模化经营，导致农民大量转为产业工人，农村宅基地原本的生产资料地位逐渐退化。

我国 1984 年制定的《土地利用现状分类及含义》中，无农村宅基地的用地类型。随后颁布的《土地分类（试行）》，虽包含农村宅基地的用地类型，但统计上并未实际使用。根据原国土资源部咨询研究中心发布的《农村宅基地节地政策研究报告》，农村宅基地分为 5 个一级地类和 19 个二级地类，其中 5 个一级地类分别为主房、杂物堆放、设施、畜舍、空白农村宅基地。2007 年 8 月，《土地利用现状分类》作为国家标准颁布，成为我国土地利用分类系统。2017 年 11 月，原国土资源部组织修订《土地利用现状分类》（GB/T21010–2017），明确农村宅基地均属于住宅用地的子类，农村宅基地是农民生活及附属设施用地。由于用途上的差异，农村宅基地的产权内容比承包地更为复杂，包括了建设用地指标权和土地发展权。农村宅基地所有权属于集体、使用权属于农户，且农户享有的使用权系无偿取得，与国有建设用地有期限出让相比，农村宅基地的使用权并无期限限制，但农村宅基地使用权的取得主体有严格的身份限制，传统的农村宅基地产权制度下，农村宅基地使用权转让范围上受到严格限制，与财产权利转让的非人格化相悖。

在第一次和第二次国土资源调查中，并没有"农村宅基地"这一统计类别，第三次国土资源调查虽然将农村宅基地纳入统计科目，但详细数据尚未公布，因此，农村宅基地总量到底多少，尚缺统计数据。第三次国土调查数据公报显示，城镇村及工矿用地 3530.6 万公顷。其中，城市用地 522.19 万公顷，占 14.79%；建制镇用地 512.93 万公顷，占 14.53%；村庄用地 2193.56 万公顷，占 62.13%；采矿用地 244.24 万公顷，占 6.92%；风景名胜及特殊用地 57.71 万公顷，占 1.63%。村庄用地中农村宅基地占比较大，因此，农村宅基地总面积较大。有学者依据统计数据估算了中国宅基地的时空分布情况，得出总量为 933.98~1194.13 万公顷，户均面积 390 平方米，且区域分布差异较大，户均面积最大的新疆维吾尔自治区达 1133.21 平方米，户均面积最低的浙江省仅为 229.09 平方米。我国城镇化水平在 2010 年达到 50%，到 2020 年达到了 60%，且仍处于城镇化快速发展阶段。理论上，农村人口向城市快速迁移导致农村人口大量减少，农村宅基地应以退出为主，农村宅基地面积应呈现减少趋势。实际上，我国城市化率不断提高，农村人口比例下降，但农村居民用地的需求却与日俱增。中国农村发展研究所在《中国农村发展报告（2017）》中提出，在 2000—2010 年间，中国农村人口减少数量约 1.34 亿人，但同时农村居民用地面积却增加了约 3045 万亩，农村人口逐年向城市迁徙，农村新增住房的闲置面积约 6 亿平方米，折合价值约为 4000 亿元。第三次农业普查结果显示，截至 2016 年末，99.5% 的农户拥有自己的住房，其中拥有 1 处住房的农户占比为 87.0%，拥有 2 处或 3 处住房的农户所占比重分别为 11.6% 和 0.9%，拥有商品房的农户占比为 8.7%。应然层面的农村宅基地大量退出与实然层面的农村宅基地面积增加的矛盾，表明大量进城务工人员未能真正融入城镇，而农村改善居住条件的需求强化，农村宅基地低效利用导致闲置和浪费问题较严重，农民在农房上的无效或者低效投资比例大。因此，有必要重新审视和构建宅基地使用权的权能。我国正逐步放开对土地承包经营权和建设用地使用权流转的限制，宅基地使用权的自由流转是应有之义。以保护所有权为核心的农村宅基地产权制度应进一步改革，以适应产权重构和产权细分的现实需求。

二、农村宅基地管理制度的变迁

宅基地管理通常是指政府作为行政机关对农民集体所有的宅基地行使的行政管理权。我国《宪法》《民法典》等法律规定，农村集体土地属于农民集体所有，农民集体作为所有权主体享有依法管理本集体宅基地的权利，农民集体土地所有权的性质决定了管理权能是集体土地所有权的必要权能。《土地管理法》第十一条规定，农民集体所有的土地依法属于村农民集体所有的，由村集体经济组织或者村民委员会经营、管理。因此，从广义上来讲，宅基地管理制度不仅应当包括公权力范围内的行政管理，还应当包括私权利主体基于所有权而进行的自主管理。

（一）改革开放之前宅基地管理制度

1949—1956 年，为了确保生产力发展，实行农民土地所有制，宅基地归农民私人所有。农民享有宅基地及房屋所有权，宅基地允许继承、买卖及出租。这个时期涉及宅基地的主要法律有：《土地改革法》（1950 年）与《宪法》（1954 年）。1956—1978 年是农业合作化时期，为了克服小农经济弊端，大力推动农业发展，要求统一使用社员的土地及其他主要生产资料，此阶段，宅基地所有权收归集体所有（合作社集体或生产队），农户拥有宅基地使用权和房屋所有权，宅基地不准出租和买卖。房屋出卖后，宅基地的使用权即随之转移给新房主，所有权仍归集体。任何单位和个人占用集体所有土地，必须经过县级以上人民委员会审查和批准。农户新建房屋，需经村集体大会讨论同意，由村集体统一安排。宅基地选择上要求尽可能不占用耕地。这个时期形成的制度成为以后宅基地立法的基础和立法框架。这一时期相关的主要法律、法规和其他规范性文件有：《农业生产合作社示范章程》（1956年）、《高级农业生产合作社示范章程》（1956年）、《农村人民公社工作条例》（修正草案）（1962年）、《中共中央关于各地对社员宅基地问题作一些补充的通知》（1963）、《宪法》（1978年）和《农村人民公社工作条例》（试行草案）（1978年）等。

（二）改革开放后宅基地管理制度

改革开放后我国宅基地管理制度在以往制度的基础上，结合实际需要，进行延伸与拓展，宅基地管理更加规范化、产权更加明晰、资产性功能更加凸显。具体可以分为以下四个阶段：

1. 宅基地使用权管理规范化阶段（1978—1998年）。改革开放后，随着农村经济好转，建房增多，由于村、乡（镇）缺乏规划，导致滥占用耕地现象严重。在此期间，强调了要建村、镇建设的全面规划，以利于节约土地。实行"一户一宅"，宅基地面积标准由各省、自治区或直辖市自定。农业与城镇非农业户口居民都可以获得建住宅所需要的宅基地（1993年虽有文件规定农民住房不能出售给城市居民，但并未得到有效实行），但符合申请宅基地条件的农业户口居民可无偿获得宅基地，而对于城镇非农业户口居民则是有偿的。农户建新房审批程序更加严格，使用原有宅基地、集体内空闲地或其他土地，需经乡（镇）级人民政府批推。使用耕地，不仅需要乡（镇）人民政府审核，最终应由县级人民政府批准。农户对住宅进行改建、扩建，也必须由本人向所在村民委员会提出申请，乡（镇）人民政府批准，还需建设主管部门同意。但出卖、出租房屋的，就不能再获得新的宅基地。农户从事非农业生产经营活动允许利用原有宅基地（体现宅基地生产功能）。这一时期相关主要法律、法规和其他规范性文件有：《关于制止农村建房侵占耕地的紧急通知》（1981年）、《宪法》（1982年）、《关于切实解决强占新地建房问题的报告的通知》（1982年）、《村镇建房用地管理条例》（1982年）（已废止）、《关于加强土地管理、制止乱占耕地的通知》（1986年）、《中华人民共和国土地管理法》（1988年）、《土地管理法实施条例》（1991年）、《关于加强土地转让管理和禁止土地投机的通知》（1993年）、《中华人民共和国担保法》（1995年）、《关于进一步加强土地管理切实保护耕地的通知》（1997年）、《中华人民共和国土地管理法》（1998年）等。

2. 宅基地管理更趋严格阶段（1999—2006年）。这一时期农村集体土地转让频繁，仍有一些地区存在用地秩序混乱情况，为此，在管理上更趋严格。在审批上坚决贯彻"一户一宅"的规定，农户新增宅基地申请的，需在集体内张榜公布，无异议的，才能按正常程序，由乡镇人民政府审核，报县（市）审批。同时，还需相关部门到实地核实申请人条件和拟用地情况（主要看是否符合土地总体利用规划）等，对已批放的宅基地，相关部门还要到实地丈量以及对住宅建成后进行验收。宅基地审批权限统一规定为县级人民政府。市、县国土资源管理部门要做到宅基地土地登记发证到户，禁止城镇居民购置农村宅基地，实行城乡建设用地增减挂钩，倡导节约土地，尽可能不占用耕地。这一时期相关主要法律、法规和其他规范性文件有：《关于加强土地转让管理严禁炒卖土地的通知》（1999年）、《关于深化改革严格土地管理的决定》（2004年）、《关于加强农村宅基地管理的意见》（2004年）及修订的《中华人民共和国土地管理法》（2004年）等。

3.宅基地产权法律保障明晰阶段（2007—2012年）。这一时期偏重于农户宅基地使用权权能与利益维护，凸显宅基地使用权的用益物权地位，但这种用益物权是有限的物权，对宅基地仍不具有完整处分权，申请人申请的宅基地只能用来作为居住使用地，不能用作营利性建设。确权登记被提上议事日程。城镇用地增加与乡村建设用地减少挂钩，占用耕地的，必须依法落实占补平衡。逐步引导农户居住适度集中，并鼓励将剩余宅基地使用指标用于发展二、三产业，商品住宅开发除外。这一时期相关主要法律、法规和其他规范性文件有：《中华人民共和国物权法》（2007年）、《城乡建设用地增减挂钩试点管理办法》（2008年）、《关于进一步加快宅基地使用权登记发证工作的通知》（2008年）、《关于推进农村改革发展若干重大问题的决定》（2008年）、《关于进一步完善农村宅基地管理制度切实维护农民权益的通知》（2010年）。

4.宅基地使用权权能细化阶段（2013年至今）。为了减缓城乡差异，赋予农民更多财产性收入，作为农民重要财产的宅基地及地上房屋使用价值体现就显得十分重要。这一时期更加注重土地财产性功能的体现，允许农户以宅基地置换城镇住房以及在若干试点范围内农民住房抵押和担保（有学者提出农民住房财产权抵押贷款的抵押物处置应与商品住房制定差别化规定）。落实"房地一体"的农村宅基地确权登记颁证工作，提出"三权分置"制度安排。发挥除居住以外融资、商业功能，利用收储农村闲置建设用地发展农村新产业新业态。落实农村村民"一户一宅"的法律规定，探索宅基地有偿使用，探索宅基地退出机制。探索盘活利用空闲农房及宅基地的方式方法，增加农民财产性收入（这也体现了党和政府部门在现行体制下寻求土地集约利用和增加农户财产性收入的愿望）。这一时期主要法律、法规和其他相关规范性文件有：《关于全面深化改革若干重大问题的决定》（2013 年）、《关于农村土地征收、集体经营性建设用地入市、宅基地制度改革试点工作的意见》（2014 年）、《关于开展农村承包土地经营权和农民住房财产权贷款试点的指导意见》（2015 年）、《土地利用年度计划管理办法》（2016 年）、《关于深入推进农业供给侧结构性改革做好农村产业融合发展用地保障的通知》（2017 年）、《中共中央国务院关于实施乡村振兴战略的意见》（2018 年）、《关于印发跨省域补充耕地国家统筹管理办法和城乡建设用地增减挂钩节余指标跨省域调剂管理办法的通知》（2018 年）、《关于健全建设用地"增存挂钩"机制的通知》（2018 年）。

（三）我国宅基地管理制度的变迁特征

从我国农户宅基地制度变迁历程来看，主要围绕宅基地产权制度变化与土地利用展开，制度变迁主要涉及农户对宅基地的产权、审批部门、宅基地申请人、宅基地使用权人、宅基地功能及耕地保护与节约集约用地等变化。

第一，农户拥有宅基地产权权能经历了从大到小、从集中到分化的过程。农户宅基地产权制度经历了从农户所有权向农户使用权转变，农户使用权体现为农户对宅基地拥有占有和使用权利，但不具有收益、处分的权利。随着宅基地权利细分，宅基地由原来的"二权"（所有权与使用权）向"三权"（所有权、资格权与使用权）转变，放活使用权成为当前发展趋势，资格权确立，保证了农户作为集体经济组织成员的资格权益，并释放出使用权，用于抵押、担保、出租、转让等（如全国试点县的晋江市已出台"房地一体"抵押政策），有利于增加原农户的收益与提升宅基地使用效率。

第二，宅基地功能不断拓展。宅基地功能由最开始的居住、生产功能向生产、居住、休闲、融资等功能拓展。随着经济发展，建设用地需求增加，原农户基地财产性功能（或资产性功能）越来越凸显，其中融资（可用于抵押、担保）逐渐成为可能。而随着农村一、二、三产融合发展，二、三产业比重加大，尤其是休闲产业、康养产业等发展，闲置宅基地使用成为解决其发展中建设用地不足的重要途径。

第三，农户宅基地审批部门经历反复。审批部门最早由村到乡（镇）级政府再至县级政府，审批程序更加复杂、更加严格。农户建新房或扩建原住宅，从开始（人民公社时期）由村集体社员大会通过即可，到由本人向所在村居民委员会提出申请，报乡（镇）人民政府审批；再到利用耕地、园地建房的由县级人民政府审批，其余用地包括原宅基地和荒地、空闲地等建房的，由乡级人民政府审批；再到符合申请宅基地条件的农村村民建住宅需要使用宅基地的，报经乡（镇）级人民政府审核后，都由县（市）级人民政府审批。近年来，随着全国宅基地改革试点工作深入，集体组织成员的资格权制度更加明确，宅基地审批程序更加规范，有些试点区域（如福建省晋江市、浙江省义乌市）又开始试点乡镇审批，以提升审批工作效率。宅基地申请审批部门的变化，是对土地资源利用重视以及因制度不断完善带来审批程序简单化双重影响的结果。

第四，农户宅基地申请与使用主体基本上以集体内成员为主。农户宅基地使用权主体从仅为农户（社员）到集体组织内成员和一般公民（改革开放初至1998 年），其间非农户在制度演变过程中交付一定费用后也可拥有宅基地使用权，再到仅限于集体内成员。这种变化，更多地体现了宅基地使用权是作为集体组织内成员的一种福利而存在的。

第五，农户宅基地制度变化过程中遵循着耕地保护原则，推动宅基地节约集约利用。在人民公社时期，农户所需宅基地主要由村集体（如生产队）统一安排，尽量不占用耕地。改革开放后，加强了规划的引导作用，村民建住宅，应当符合乡（镇）土地利用总体规划，并鼓励村民按照规划逐步向中心村和小城镇集中居住。随着乡村振兴发展过程中对建设用地需求增加，要加大对耕地保护，同时又必须落实耕地占补平衡，这就使得作为建设用地的闲置宅基地开发利用成为未来的必然趋势。

（四）我国宅基地管理制度变迁的主要原因

多年来，我国政府部门一直在不断探索通过制度改革来解决宅基地资源利用不合理问题，提升宅基地资源利用效率与增加农户财产性收入。

1. 制度落后于实践引发了对农户宅基地管理制度变迁迫切需求。我国许多省份都在努力地探索宅基地有效管理与放活农户宅基地使用权途径，广东、重庆、浙江、上海、安徽、江苏、成都、湖南等省市在实践中都有了一定的经验积累，但仍然还存在不少问题，包括宅基地制度不能适应市场化变革的需要，宅基地及地上房屋使用权流转放活与现有制度限制之间矛盾，"一户一基地"明确规定与实际中低效监督管理之间不协调等。随着多地不断地实践，现行制度滞后于实际发展需要越发明显，配套制度出台显得尤为重要。为此，在现有制度环境下，有必要通过创新改正现有农户宅基地管理制度中的不足，更好地为宅基地产权制度效率提升奠定基础。

2. 经济发展推动宅基地制度变革。从整体制度变迁情况来看，宅基地制度是一定经济条件下的产物。随着经济不断发展，建设用地需求不断增多，而建设用地的有限性，使得建设用地供给与需求之间的矛盾越发凸显，为此，必须加大建设用地节约集约利用力度，但同时还必须不断地挖掘现有存量建设用地的潜力，以更好地满足经济发展中建设用地需要。闲置宅基地可视为存量建设用地中一部分，但宅基地使用权流转中的身份限制，已影响到宅基地使用权流转，宅基地私下流转带来的种种社会问题使政府部门与学者们又必须重新审视农户宅基地制度中的不足问题，创新原有宅基地管理制度，尤其在城乡建设用地增减挂钩带来巨大利益激励下，宅基地管理制度更需适时而变，通过优化制度安排，实现社会效益最大化，同时协调好不同利益主体之间利益诉求。

3. 乡村振兴发展对宅基地制度提出新的要求。乡村振兴关键在于产业兴旺和人才引入，对于偏远、贫瘠的乡村仅依靠农业生产是远远不够的，目前引入的文创、休闲等产业，无疑是活跃山村经济、带动乡村振兴的有效途径。但乡村建设用地缺乏，不得不对闲置甚至濒临倒塌的住房进行重新规划，一是在原来宅基地处重新建房，二是对原有住房予以修葺，达到入住或经营（如用于休闲产业）条件。但目前宅基地制度还无法满足乡村振兴发展中宅基地使用权流转需要，使用权身份限制已成为宅基地流转不畅的主要原因。我国虽然适时提出了"三权分置"的制度安排，但对原有宅基地制度中规定的使用权中分离出的资格权、使用权还没有做出明确的权、责、利的规定，操作上还存在一定难度。为此，还需要进一步完善现有的宅基地产权制度安排，使之更好满足乡村振兴发展需要。

4. 宅基地产权制度自身发展规律使然。产权制度本身体现出的对某一客体权利变化，往往是从集中到分散的过程，表现为原来结合在一起组成为完整产权的各个部分可能互相分离，而这种分离主要是因为随着个人能力、财产规模及对预期经济利益追求，对一部分权利予以让渡。宅基地产权从集中转为分散的这种变化正是这一规律的体现，而这种权利分散更有助于各部分权、责、利关系的明确，既能保护各产权主体利益，又能增加总体社会效益。在预期收益大于制度变迁成本情况下，宅基地产权制度自身发展的这种变化在相关部门的干预下产生了，并使分化后产权主体各方利益更为明确，法律法规界定更加清晰，减少因产权不明晰带来资源配置无效性，更好满足社会发展需要。当然，全国宅基地改革试点县的"三权分置"的实践虽然是探索性的，但这种从原来"二权"制度向"三权分置"制度的改革趋势却是市场选择的必然结果。

第二节　农村宅基地管理制度

根据《农村宅基地管理办法》等相关法律规定可以得出宅基地管理是指国土有关部门规划控制宅基地用地规模，规范宅基地审批程序，严格宅基地面积标准，规范宅基地确权登记、流转与退出，加强宅基地管理人员队伍建设及对农民宣传教育、对宅基地使用进行监管，依法维护农民宅基地权益的行为。宅基地管理的目的是避免宅基地无序扩张、闲置和粗放利用以及乱占耕地现象，促进耕地保护和土地节约集约利用。现行农村宅基地制度主要包括三个方面。

（一）一户一宅、一定面积、一次无偿申请

在宅基地申请方面，我国宅基地制度坚持四个"一"，即一次申请、一定面积、一户一宅。从宅基地制度发展史上，对宅基地申请的相关规定开始于改革开放初期，国家法律和政策法规首先做出了限定面积基础上的一次性申请的规定，之后又取消了宅基地有偿使用费和超占费，并做出了影响至今的一户一宅的限制规定。

首先，在中国宅基地制度史上，1982 年 2 月的《村镇建房用地管理条例》（以下简称《条例》）首次提出了宅基地申请方面的一次性规定。该《条例》第 15 条明确规定："出卖、出租房屋的，不得再申请宅基地。"由于当时农民有自由出租和出卖农宅的权利，因此，当规定农民将自己所有的农宅出租或出卖之后无权再申请宅基地时，就在另一面肯定了宅基地申请和使用方面的一次性。

其次，《条例》还首次提出了宅基地的面积限定问题。《条例》第 9 条明确将农民建房用地总限额的限定权划归省级政府，将宅基地面积标准的限定权划归县级政府，由此，农户申请宅基地须遵循县级政府限定的面积标准。到 1986 年 6 月，《土地管理法》第 38 条规定农户宅基地面积不能超过省级政府限定的标准，由此农户宅基地面积标准的限定权由县级政府直接上收到了省级政府，这一规定一直延续到 2019 年 8 月第 3 次修订的《土地管理法》之中。

再次，从建国后到现在，宅基地申请与使用大体上是无偿的。但是在 20 世纪 90 年代初经历了一个局部的短暂的有偿使用阶段，即 1990 年 1 月国务院批转了国土局《关于加强农村宅基地管理工作的请示》，提出要在耕地资源紧张的地区试点宅基地有偿使用以遏制村民乱占农用地建房的浪潮。到 1993 年 7 月，为减轻农民的税费负担，中办和国办发出《关于涉及农民负担项目审核处理意见的通知》，明确取消了国土局一直收取的农村宅基地有偿使用收费和超占费，这样就完全确定了宅基地申请与使用的无偿性。由此，自1993年开始农村宅基地申请与使用由有偿变为无偿，成为现今中国宅基地制度的基本内容之一。

最后，一户一宅的申请规定始见于1997年4月《关于进一步加强土地管理切实保护耕地的通知》，并在一年半后上升为国家法律规定。该通知首次在宅基地制度史上作出"一户一宅"的规定："农村居民每户只能有一处不超过标准的宅基地。"虽然该通知还要求农民在"一户一宅"外多出的宅基地要收归集体，但是由于复杂的历史和现实因素以及法律和政策的变迁，实际上一户多宅的收归工作并未开展过，但是在现实中的宅基地申请上便开始严格执行一户一宅的规定了。

（二）严格审批与用途管制规定

人民公社时期以来，在宅基地制度中关于审批宅基地申请的权限以及对宅基地用途的管制都是较为严格的。政府对申请宅基地的审批经过了一个由较为宽松到严格审批再到适当下放审批权的过程，而对宅基地的用途管制则愈加严格。

在宅基地的审批权限上，自人民公社时期开始至今，政府审批宅基地申请经历了一个由较为宽松到严格管理再到适当下放审批权的过程。1962年的《修正草案》中规定：须经过县级以上政府的审批才可占用包括宅基地在内的集体所有的土地。由此可知，在人民公社前期，农民申请新宅基地建造农宅最少需要县级政府的审批。到1982年的《条例》不仅明确提出要在全国范围内"迅速建立起村镇建房审批制度"，而且在第14条第1次对申请与审批宅基地的程序作出明确规定，即先向生产小队提出申请，在社员大会通过之后还须经生产大队审查和核准，最后由公社的管委会批准；而其中需要占用农用地的则须经县级政府批准。由此，在人民公社后期，农民申请宅基地审批者一般是乡级政府，只有涉及到占用农用地时才由县级政府审批。这一规定一直延续到了20世纪90年代末。1998年8月首次修订的《土地管理法》将申请宅基地的批准权完全上收到了县级政府，这说明对宅基地的管理在20世纪90年代末开始趋于严格。这种严格的宅基地审批直到2019年8月第3次修正的《土地管理法》才有所放松并基本上恢复到20世纪90年代之前的状态，即2019年版的《土地管理法》第62条将申请宅基地的审批权下放至乡镇一级的政府手中，而占用农用地建房的按照第44条的要求则须办理最低由县级政府审批的农用地转用手续。

从人民公社时期到现在，对宅基地的用途管制则愈发严格。一方面，宅基地只能用于建造农宅，而不能另作他用；另一方面，使用宅基地建造的农宅严格限定为满足农户自住。1982 年的《条例》第 4 条明确规定社员对宅基地"只有按照规定用途的使用权"，即宅基地只可以建造供农户自己居住的农宅，而不能移作他用。由此可见，从 20 世纪 80 年代初开始，政府对宅基地的用途就开始有了严格的限定。1997 年的《关于进一步加强土地管理切实保护耕地的通知》虽然首次提出对包括宅基地在内的非农用地实行严格的用途管制，但并未对宅基地的用途管制进行明确规定。1998 年修订的《土地管理法》第 4 条则明确提出了"国家实行土地用途管制制度"，要求控制包括宅基地在内的建设用地总量，并且要按照各种级别的规划所确定的用途来使用土地。在 21 世纪初之前，城镇居民想要申请使用农村的宅基地虽然须经过较为严格的程序审批，但是大体上还是被允许的，直到 2004 年 10 月国务院做出《关于深化改革严格土地管理的决定》，在宅基地申请与使用上明确将城镇居民拒之门外。并且在 2007 年 12 月国办发出的《关于严格执行有关农村集体建设用地法律和政策的通知》进一步将宅基地申请与使用的资质缩小到本村村民的范围之内。由此可见，政府对宅基地的用途管制呈现出越来越严格的管理强度变化。

（三）"房地一体"的内部转让

在宅基地使用权转让上，宅基地与农宅"房地一体"的内部转让规则在人民公社时期就已经基本定型，而从 20 世纪八九十年代至今，宅基地与农宅的受让范围则愈加缩小直至被严格封锁在集体内部。

在人民公社时期，已形成宅基地与农宅转让的相关规定。《修正草案》中第 44 和 45 条明确规定农宅属农民个人生活资料，"永远归社员所有"，并且任何人不得侵犯、强迫其搬离、随意占用其房屋。此外，由农宅所有权派生的买卖和出租的交易权也完全掌握在农民个人手中。随后发出的《通知》则明确划分了农宅出卖后的农宅产权和宅基地产权，即农宅出卖后宅基地使用权随着农宅所有权一起归属新房主，而宅基地所有权仍归集体。由此，"房地一体"的农宅转让规则基本确立，但是并未对农宅转让的受转让者做出任何限定。但是到了 20 世纪八九十年代，对于宅基地使用权和农宅所有权的转让规定逐渐收紧。1981 年 4 月，国务院发出《关于制止农村建房侵占耕地的紧急通知》，规定宅基地不可出租、买卖或转让。1997 年 4 月，中共中央和国务院发出《关于进一步加强土地管理切实保护耕地的通知》，则明确规定包括宅基地在内的集体土地使用权除国家征用外不得出让，尤其不能用于开发经营性房地产，同时也不得转让或出租用于非农业建设。到1999年5月，在国办发出的《关于加强土地转让管理严禁炒卖土地的通知》中严格规定农宅不能向城市居民出售。由此，农宅转让的受让者将城市居民排除在外，"房地一体"的转让规定明显收紧。

自进入21世纪以来，在中央和国务院及国务院各部门作出的各种决定、意见、通知中，多次强调城市居民不得购买农宅和宅基地，也不对其登记和发放宅基地使用权证。直到2016年7月，在国务院发出的《关于实施支持农业转移人口市民化若干财政政策的通知》中，进城农民转让宅基地使用权须"严格限定在本集体经济组织内部"，由此，内部转让的规定才正式确立。虽然在国家政策规定中"内部转让"的规定确定很晚，但实际上由于在2004年之前城镇居民是可以在农村申请建造住宅的，其对农宅的需要比较容易得到满足，所以在实践中不存在较多的"转让"需求，因此"内部转让"的规定制定较晚。

第三节　农村宅基地房地一体确权登记制度

一、宅基地房地一体确权登记

（一）宅基地房地一体确权登记定义

基于统一管理视角，统一调查乡村地区集体建设用地使用权、集体建设用地上的各类构筑物或建筑物所有权，统一调查登记乡村宅基地使用权、宅基地上房屋所有权权籍，在此前提下不分城乡差异地统一进行所有权确权登记，统一提供不动产权证书（房地一体），保护产权人利益。

（二）乡村房地一体宅基地确权登记的必要性

当前，国内城乡居民并未形成一致性的土地权利，究其原因，主要是城乡二元化管理体系造成的。农民个体管理经营的土地来自集体分配（基于乡村土地承包规则）。《物权法》并未明确农民具有土地处理权，而仅具有来自集体分配土地上的产出物所有权，这种规定其实是分割了土地所有者的土地所有权与收益处分权，也就是说，管理经营土地的主体——农民既不能抵押其管理经营的土地，也不能买卖其使用的土地等。

房地一体确权登记发证工作的最大优势和最大好处在于其能有效测绘、登记宅基地及其所附着的构筑和建筑权籍，并将测绘信息数据在不动产权证中完整记录，通过证件颁发行为、持证行为完成其产权归属确认，以此作为不动产交易的法律依据，全面支撑并促进乡村土地流通。比如公共设施建设用地、拆迁均会涉及到合法土地征用问题，如果没有此类证件，补偿的依据不足，极易引发矛盾或纠纷，而有了这种证实，农民即可依据不动产权登记证中标记的权籍、数量、面积获得相应补偿，而且这种补偿公平、合理，其结果通常是土地占用、拆迁矛盾会显著减少。就此从法律层面保护乡村居民财产权利。从调查过程与结果来看，无不动产权法定证书导致农民在面对拆迁、土地占用时无法获得应有的房屋建设、扩建、改建、翻修等方面资金投入的补偿，从而造成农民合法权益受损，引发各种冲突，这样的例子在改革开放四十多年历程中并不少见。

推动乡村土地、房屋权属明确，买卖信息透明。乡村土地、农房交易、租借事实客观存在，且已渐成气候，而产权证缺失导致这种交易行为难以获得法定市场认可，买方无从查找、获取目标房产、土地信息资料，对交易后的产权纠纷心生畏惧，交易主动性明显不足，乡村房产与土地的市场价值因此受到明显的削弱，一直是有市无价或有价无市。

我国乡村土地承包目前已经走过近四十年发展历程，其间各种变更比较频繁，其结果是导致现行土地信息明显愈发缺失，房地登记信息标准持续下跌等，乡村房地权属因此变得更加模糊，所以极有必要在全国范围内实施标准高度统一、操作有序规范的房地一体确权登记、发证工作，以此重新核实登记好各地乡村建筑用地、宅基地等土地类型的权属、界址、面积等，以便国土资源管理机构可以准确有效的了解、掌握并管理好与此有关的各类信息数据，提高管理质量。

（三）农村宅基地房地一体确权登记发展历程

农村土地确权是指国家特定的政府工作人员依职权重新厘定农村土地之上的权利的归属，明确农村土地相关权利人的土地面积、位置、土地权利类型、期限等等，并向农村土地相关权利人核发相关证书。由于农村地位的特殊性和宅基地在国土资源管理中的基础性，我国对宅基地的确权工作一直比较关注，它的发展历程可以分为三个阶段：

第一阶段是从 20 世纪 80 年代后期到 1993 年。1984 年国务院下发了开展第一次全国土地调查的通知，当时的国家土地管理局以此为契机，把个别地区作为试点，启动了包括宅基地在内的农村土地初始登记工作。因此可以说这个时间段是对宅基地使用权进行登记的初始发展阶段。

第二阶段是该工作的缓慢发展时期。为减轻农民负担，1993 年国务院决定在农村土地登记中，取消收费制度，导致确权工作缺少必要经费。这在一定程度上制约了该工作的发展进程。

第三阶段大概是从 1999 年到现在，这个时间点因领导的重视和各项政策的出台，该工作有了迅猛发展。1999 年国土资源部提出要全面确认我国土地的所有权和使用权，用多种措施保障宅基地使用者的权益，2008 年再次强调该工作的重要性并下发《关于进一步加快宅基地使用权登记发证工作的通知》。2010 年的中央 1 号文件中首次提出加快宅基地的登记颁证工作，工作经费纳入国家财政预算。2014 年国土资源部、财政部等五部为落实党的十八届三中全会提出的保障农户宅基地用益物权的改革精神，联合出台宅基地确权工作的通知。2017 年的中央一号文件再次对该工作提出具体要求。

（四）宅基地使用权确权登记包括的要素

1. 主体。这里所说的主体包括权利主体和登记主体。前者主要指的是集体组织内的成员，且成员要以户为单位占用宅基地。此外，在某些特殊情况下，本集体外成员也能成为该权利的主体。比如因地质灾害防治以及移民迁建等原因，造成非农民集体成员占有使用宅基地的，在符合当地政策规定并经本地村民多数同意及相关机构批准的情况下，依法确认其合法的土地使用权。

2. 客体。确权登记的客体是使用权人合法占有利用的农村宅基地。

3. 宅基地确权登记的范围。宅基地的确权范围不仅包括村民所居住的房屋大小，还包括住宅的其它设施范围，要对整个宅基地进行全面确认。主要包括正常居住用地，如住房、厨房等；院内其它用地，如菜园、牲畜圈等；其他必需生活附属用地，如柴火垛、沼气池等。

（五）宅基地使用权确权登记的工作流程

该工作的流程就是指从村民申请到取得宅基地使用权证书所需要的一系列程序，我国法律对该步骤并未作明确规定，各省文件对于确权登记流程的规定也不相同，但总结各地实践经验来看，确权登记工作内容主要包括七个方面，分别是申报、权属调查、审核公告、审批、登记、发证、归档管理。

1. 申报

首先占有和利用宅基地的土地使用者要以户为单位，每户派一名代表领取由土地部门统一印发的《农村宅基地使用权申报登记表》，按照一宗宅基地一份申报表原则填写。申请必须是书面形式，口头表示无效。以当地公安部门的户籍登记为依据确定"户"的构成人员，对于没有单独立户的，在符合当地规定的特殊情形下，也可按户申请宅基地登记。如海南省规定，在户籍登记中没有单独立户，但符合下列条件之一的，也可独立作为特殊"户"申请宅基地确权登记：（1）已婚且已分家单独居住生活的；（2）未婚，但年龄已到法定结婚年龄以上且已分家单独居住生活的；（3）依法继承宅基地使用权的未成年人。除了申报表，申请宅基地登记的村民还需要提交由村委会及乡或镇政府出示的土地权属来源证明，并由土地管理部门对证明资料进行审查。

2. 权属调查

权属调查是确定权利主体和使用范围的前提要件。按照使用人的申请，行政部门通过仪器勘测、实地调研等方式，对宅基地的范围、界线、用途等事实情况进行文字及图片记录。经认定无误后，填写地籍调查表。在调查确认宅基地范围的过程中，宅基地的相关利益者，包括本地的使用者和邻地的使用者都应在规定时间段内到规定地方共同指界。若无错误或者在改正错误后，双方要对自己确认的宅基地范围和界限在指定地方签名、按手印或者盖章。原则上指界应由使用者本人亲自到现场确认，但由于外出务工的村民越来越多，所以也允许全权委托他人代为确认，但必须是书面委托。

3. 审核与公告

经土地行政主管部门审核后，对于符合登记规定要求的主体和宅基地要在各村醒目位置或者专门的公告栏里张贴详细信息。对宅基地使用情况进行公告，公告内容主要包括本村内各宅基地的使用权利人姓名和宅基地的具体位置、面积、四至范围等基本信息。此外，为保证公平性，公告中要表明相关利害关系者提出异议的期限，以及具体的提出方式和受理机关等内容。公告的目的是为了保证确权工作的公开性和公平性，便于村民明确自己宅基地的范围和发现有关部门调查中的偏差，从而有利于行政部门能及时改正调查记录的数据。

4. 审批

公告期满后，如果宅基地使用权的权利主体及其他利益相关者对确权公告中的详细信息和内容均未提出异议和意见的，由当地市或县的人民政府领导在农村宅基地使用权登记审批表上签字，表示同意登记发证的意见，并要加盖人民政府土地登记的专用章。

5. 登记注册

审批通过后就要根据审批结果以宅基地为单位，分别填写宅基地登记卡、宅基地归户卡及土地证书，并由具体工作人员在两卡里的经办人栏目处签字，当地土地主管部门领导在审核人栏目处签字。

6. 颁发土地证

在对宅基地登记注册完成后，由宅基地使用者持本人身份证原件在规定时间内到指定地点领取证书。由各县土地行政主管部门向集体土地使用者颁发《集体土地使用证》，并且登记机构要保留已颁发各类证书的复印件，证书式样由国土资源部统一制定，由国土资源部或其授权的单位统一印刷，各市（县）土地行政主管部门按照省厅有关规定购买。在颁发证书的同时，要向宅基地使用权人讲明其所享有的权利与义务。

7. 归档管理

归档管理是该工作中的最后一个步骤，就是把宅基地登记的相关材料按地籍进行编号整理并立卷归档，由专门机构管理，并由县级以上政府根据登记结果完善数据库，实现信息共享。登记档案应包括：（1）申请资料；（2）地籍调查表和宗地图；（3）委托书、委托代理人身份证明；（4）土地登记审批表、土地登记簿、登记卡和归户卡。农村宅基地确权登记的一个重要目的就是建立健全宅基地档案管理制度，对于以后资料的查找和纠纷的解决具有重要意义。

二、确权登记过程中面临的问题

（一）登记过程中权属关系确认难度大

1. 权属资料不全

土地坐落位置变迁，老旧宅地权属资料遗失、缺损、损毁等等现实问题显著制约了该县各乡村房屋权籍调查工作进展，与此同时，法规与政策性判断依据不足，每个阶段对宅基地的审批方式和审批面积都不同，经历几次机构改革后，由于有些部门的档案管理工作做得不规范，导致审批资料无从查起，导致部分农户建房时未办理审批手续，难以提供完整的房屋和土地信息。有的农户即使有房产证或宅基地使用证，但是也没有保存完好。另外由于落后的管理技术，使审批资料以纸质存档，加上权利者不对档案材料进行妥善保管，这就容易导致权属资料的遗失。因此收集农村土地权属来源，是一件相当困难的事情。

2. 权属关系模糊

乡村振兴是国家战略，乡村建设正在全面铺开，村民易地搬迁幅度、力度均比较大，搬迁村民手续办理理念滞后，地方主管机构管理乏力，一些搬迁村民向非集体经济组织成员私下口头出售转让自己的房屋等，均进一步模糊了权属性质。从调查结果来看，宅基地权属不明、无法归属现象占比较高。此类情况增添了农村宅基地房地一体确权登记的难度。

3. 登记过程中宅基地面积超标

一户村民占有的宅基地最多一份，且面积应符合既定标准。目前，各地方政府根据本地实际，确定了人均宅基地的标准。从权籍调查与统计数据来看，农房使用面积存在较严重超标情况。同时面积超标中也存在一定的非法占地，村民法规意识不足是非法占地、超标准宅基地现象出现的主要原因。比如部分村民基于一已私利，未经批准也未办理任何手续便擅自改、扩建私有房屋，逐步拓展了其房屋占地面积，导致宅基地面积超标现象就此出现。

4. 登记过程中一户多宅现象普遍

村民宅基地超过一户的现象同样比较普遍。究其原因，主要包括管理缺位、分户、继承问题等，比如基于继承、自行购买等获得新宅基地，未拆除原建筑或回收宅基地而申请获批新建筑或新宅基地等。

（1）管理失序

宅基地审批权在改革开放伊始时层次过低，当时由农村生产队掌握审批权，这种层次极低、极不标准的审批程序的结果是权力滥用，客观造成数量众多的"一户多批、多宅"现象。

（2）私下交易监管乏力

禁止买卖乡村宅基地早已在相关法规中明确，但农村村民不知法也不懂法，在村民住所发生改变等因素作用下，客观形成了数量众多的乡村宅基地、房屋廉价买卖现象。从买方来看，村集体原本已按政策标准为其提供了宅基地，但是，因为法律执行不力、监管滞后，助长了私下房屋与宅基地交易之风，"一户多宅（跨乡镇）"现象就此迅速、大量出现。

5.房地一体确权登记制度中法律法规依据不充分

从法律实施现状来看，房地一体确权登记制度相关法律法规规定原则性过于明显，缺少现实可操作性，而且没有出台具有指导性的配套法律法规，因此法规与制度缺陷导致乡村宅基地使用权管理漏洞，弱化了保障水平。《民法典》中关于宅基地的条款，对宅基地使用权做了基本规定，宅基地使用权的取得、转让及行使按照第三百三十六条规定其适用土地管理的法律和国家相关规定。已登记的宅基地在使用权发生消灭或者转让的，应按照第三百六十五条规定应在规定时间内完成变更登记或者注销登记的办理。虽有相关规定，但依然缺少明确的具体操作条款。同时《土地管理法》是一部土地管理专门性法规，即便如此，其所列乡村宅基地使用权条款依然不具备系统性特征，造成了实施难的现象。而且一旦出现司法纠纷，司法适用的法规类判定不足，造成矛盾调处无据可依，缺少充足的法规支撑，既有法规的完善程度依然比较低，同样不具有现实可操作性。

（二）确权登记工作面临问题的成因

1.政策缺失与宣传滞后

1982 年以前，我国并未出台相关的法规政策用于指导农民建房，因此当时乡村居民建房实质上处于无法无据状态，村民自治是当时的基本管理模式，这种模式的管理力度、约束力均比较弱。一户一份宅基地的具体面积标准模糊，从而导致本阶段普遍存在面积超标情况。《土地管理法》（1986）出台后情况有所改善，但从具体执行标准上来看，依然模糊不清，加上政策多变、衔接不充分，就此形成了乡村住房建设与宅基地使用管理真空地带。政策长期缺位、连续性缺失的唯一结果就是管理无据，加剧了执法难度，也因此混淆并束缚了乡村不动产管理实践，宅基地权属资料缺失、面积超标等不应有的现象大量出现。没有及时制定完善的宅基地管理法规制度。分析既有文献、资料、政策结果发现，宅基地使用权人申请是我国乡村居民获取宅基地使用权的基本途径，具体程序是所有权者提交宅基地使用权申请、乡镇审批。但实际实施过程中，相关人员专业知识不强，缺乏常规培训、业务能力欠缺。因此，在登记中出现遗漏、错误，甚至混淆，宅基地管理难度加大。目前城镇居民有完善的不动产登记管理制度和相应的法律法规，但农村宅基地方面的规定和规范内容并不完善，这给宅基地确权登记带来困难。

2. 审批管理不规范

由于近年来农村宅基地、建房审批政策经过几次变化，审批部门权限发生变化，再加上不同的审批部门不进行有效沟通协调，导致管理出现问题。既有政策与法规设置了相对严苛的宅基地审批步骤，形式完善是事实，却出现监管乏力、程序简化现象，比如重视审批轻公示，未有效监管集体经济组织成员，其结果就是违规建设、联合骗取宅基地等。部分村民对建房审批程序不知道或不清楚，先建房后办手续，擅自占用土地。一些老百姓法律意识淡薄，在土地管理部门未审查的情况下违规建房。而导致这些情况的发生，审批权滥用、审批程序监管滞后等难辞其咎。自政府主管机构开始，直至各村村委会、村民自身，均由于各种主客观原因而未能有效监管宅基地审批工作实践，监管缺位现象客观存在。首先，村委会审批裁定权过大，村委会意见直接决定审批结果，往往会无原则放宽宅基地使用权审批申请或者基于谋取私利需要而漠视既有政策法规，接受非法申请，形成审批权滥用。其次，村民只顾一已之私想方设法多占面积。再次，政府主管机构工作者基于自身利益追求而违法审批。

3. 农村登记工作法律法规体系不完整

乡村不动产登记过程中，虽然有一些相应的法律法规，但是乡村不动产登记法规建设滞后，立法体系不完善，主要表现在法律条款分散、零乱，内容太过浅显，相互之间缺少内在的逻辑联系，其结果通常表现为明显弱化法律与政策的指导功能，乡村不动产登记难度就此明显增加。我国农村不动产登记相关的法律法规在土改的过程中不断更替和完善，同时在之前长时间地实行房地分离的不动产确权登记制度，分开管理土地及其上的各类附着物，比如林区、湿地、草原等管理对象的主管机构均不一样，登记管理工作多头进行。比如1984年颁布的《中华人民共和国森林法》规定我国林业工作的主管机构为国家林业部及各地方林业主管部门，林业登记造册、证书核发及所有权与使用权确认权属于县以上地方政府。《草原法》规定我国草原管理机构为国家农牧业部门，县级范围内的草原管理由县以上地方政府农牧业机构负责。《渔业法》（1986）条规定县级以上地方人民政府负责全民性水面、滩涂管理工作，养殖使用证颁发、使用权确认均由其主管，这些背离了土地的根本属性。

2007 年颁布的《物权法》奠定了我国不动产登记法律基石，它既提出了对私人财产的保护，同样界定了财产权，可以有效促进交易市场的构建与财产物权的流转。但是从不动产登记角度来看，将构建一致的不动产登记制度的观点率先提出是其最突出的意义，可以有效解决上面提及的林地、草原、湿地等分散管理的乱象，同时很大程度上给农村房地一体确权登记指明了方向。"不动产实行统一登记"虽在《物权法》中进行了规定，但跟不动产的有关的立法主要涉及土地和房地产管理两个方面，而其它类型的不动产登记的立法却有所欠缺。同时在《物权法》以及进一步管理办法中都未将有关的法律权利赋予给统一的登记机关。2015 年实施的《不动产登记暂行条例》虽然明确了国土部门承担不动产登记的登记职责，但是对国土部门具体实施的办法和法律地位未进行提及，相较而下，国外的不动产登记法律体系基本上比较完善，是因为国外对于不动产登记都有一门配套的法律对其进行指导规定，同时为了保障法律的实施对其制定了完善的规则制度。我国的乡村不动产登记因没有指定的法律依据作为指导，导致《不动产登记暂行条例》与一些效力较高的法律的内容有一定的差别，让其在法律层面缺少权威性，如疏漏了《土地管理法》等效力较高的法律的有关要求，或是部分条款与相关效力较高的法律之间存在抵触等。

4.人员配备及专业素质有待提高

在开展农村房地建设工作时，要通过多个部门审批如自然资源、住建、农业等，才能正式开展，此工作的周期长，通过率较低，从制定政策到执行都能产生直接影响。而且，乡村之间存在明显的地域性区别，同一乡村也具有村落分散、分布广泛特征，大多会局限于各种复杂的环境因素，房地一体确权登记工作信息量大，因此，只有在充足的资金与人力支持下，才能将房地一体确权登记调查全面推进。客观来看，乡村房地一体宅基地及其使用权确权登记、发证需要完成数量众多的外部环境实地调查工作，而且大多会持续相当长一个时间周期才能完成，工作过程复杂异常；与此同时，必需有业务水平高、能力强、综合素养高的专业人员来录入处理收集来的各类资料、信息、数据，只有如此，才能确保数据采集、录入、分析、处理符合使用预期。实际上，从当地乡镇现有人员配置来看，很难达到上述人才标准，基层政府机构特别是村委会相关工作人员文化程度相对较低，明显缺乏专业能力，即便有作业单位专业人员带领，依然存在调查结果偏差，或难以按设定的工作进度标准完成具体的调查工作。激励体系建设滞后的影响同样比较明显，主要表现为激励机制不完善，无法有效调动从业者的职业主动性。因为部分工作人员专业性比较低，缺少专业的知识和技能，和岗位的匹配性不足，所以调控人力资源时经常会出现问题，因此很难找到违章建筑、发现潜在问题。此外，相关部门的管理也非常不到位，不具有针对性，不能根据现实情况出发，导致很多问题只是表面消失了，其历史遗留问题还是非常严重。

三、加快推进农村宅基地房地一体确权登记的对策建议

（一）落实政策，加强宣传，明确权属关系

1. 加强宣传，落实责任，提高群众知晓度。强化乡村房地一体宅基地确权登记政策的宣教，重点宣传登记工作的利民、惠民价值与意义，并将农民利益与登记的关系及所受到的影响作为宣教工作的重点，以此强化村民认知，在认知准确、理解充分前提下形成配合、支持及自主登记办证意识和行为。有关部门应该深扎到本地的农村生活中，凸显既有宣传平台、载体的功能，将大众传媒（报刊、广播、电视等）的宣传优势持续体现出来，利用标语横幅、宣传画册、微电影等这类富涵乡村气息、贴近生活、村民喜受的宣传渠道，完成收入增加、分户立户、权益保护与不动产权证登记领取之间的关系和意义传递。村民合法权益与切身利益与乡村房地一体宅基地确权工作密切相关，因此政府动员应走在实际发证工作前面，强调宣传动员工作中的主体意识和责任担当。以村为单位贯彻执行政策宣教、动员发动方案，有效结合传统媒体（报纸、电视、广播等）和各类新媒体的应用，凸显宣传引导功能，及时解答村民咨询问题。只有如此才能更好的推进房地一体确权登记，达成高效率的渗透。村干部有必要超前联络联系管理对象，可以通过电话录音、微信留言等向外出务工者发送宣传信息，让管理对象向其家人或村干部提出代办委托，保证资料收集准确、准时迅速，满足办证需求。耐心讲解、劝说、引导配合意愿不足、理解能力低的村民，以此实现不动产确权登记宣传工作全员普及，引导每一位集体村民自动自主登记、办证，高效完成不动产权登记发证事务。

2. 厘清权属关系，确保应登尽登。从相关规定来看，宅基地权属材料无法提

供时，土地现状及使用经历必需查明，村委会或村集体组成确认宅基地四至范围、面积、使用权人等，同时进行为其一个月的公告，没有发生争议或不同意见前提下，为其提供相应的证明材料，并将证明材料报送至乡（镇）政府审核，审核通过且符合当前法律规定的，进行确权登记。

（二）规范审批程序，解决历史遗留问题

1. 宅基地使用标准完善

宅基地登记制度应坚持全员登记、一户一宅原则。基于按户登记模式处理当前宅基地登记，即一户不能多宅，只能进行一宗宅基地登记。但从管理实践来看，这种按户登记管理模式会客观导致户内成员多宅管理和权利主体界定难题。以人登记方式是解决这种难题的最理想方案，在一人一户基础上，用户内所有成员记载的模式取代此前的审批登记仅记录户主方式。以此进一步准确界定权属，完成成员范围划分，将调查登记工作中的申请人确定需求满足，提前杜绝以后在分户、继承环节过程中因户内成员权利主体模糊不清引发纠纷的可能性；对一户多宅、重复审批等现象的控制也比较有利。构建房屋和宅基地依法占有、超建超占分级分类登记机制。目前，宅基地之所以出现管理困境，一个最主要的因素就在于房屋超建超占、宅基地超占，有必要基于登记制度视角来处理这处问题。可以尝试分级登记房屋超建超占和宅基地面积超占，也可以超前奠定有偿使用宅基地的制度基础。也有一些宅基地审批、建设过程中的规划环节、选址环节、施工环节、竣工验收环节均忽略了一个重要问题，即精确界定并控制好宅基地界址，毗邻关系模糊，四至不清晰，就此引发宅基地范围和面积双双超占等，对于此类问题同样有必要进行分类界定。开展宅基地协同体系（确权、登记、注销）构建。异地建房、集中搬迁（规划调整、分户建新不注销、迁新建新不拆旧等）均易导致一户多宅现象。分户时最易出现问题，一方面是原宅基地人走地（房）退难以实现，另一方面出现规模相当的另一宗宅基地新增，就此导致宅基地超占违建现象变得更为突出。对于此类问题，通常应以有关协议、法规为基础，形成确权登记以原宅基地使用权注销为前提的联动机制，确保能有效杜绝此类现象。

2. 审批模式转换

从历史经验及实践调查结果来看，政府集体联合审批应逐步成为宅基地审批的主导模式。当前，宅基地多主体治理的现实需求越来越明显，传统的政府单一审批模式已经很难适应这种转变需求。分析国家政策趋势结果表明，《土地管理法》（2019 年修订版）已经将乡镇一级政府作为宅基地审批主体，就此取代了此前的县级政府审批模式，这种权力下沉是基于宅基地管理现状从法律层面做出的统一决策安排。因此从土地管理法的这种转变呼应角度来看，展开集体自治与政府总量控制联合审批机制构建极有必要，具体操作过程中可以是村集体组织自行审批决定宅基地新增面积，宅基地整体指标则由政府以确权调查结果为依据来具体确定，政府同时要负责宅基地审批的外部监管。先于村内公示确权调查结果，保证审批透明性、公平性和公正性。此举一方面能有效吻合现代社会村民集体组织自治需求，另一方面则可以将官民之间对立的情况（政府干预过度导致）避免。

3.宅基地审批程序规范

宅基地申请审核工作从严掌控。村民提出的宅基地使用权申请与宅基地申请标准相符时，让他们提供手续，村委进行初步审查，审查这些材料是否符合规划和宅基地批准的条件，是否真实有效，进行开会研究，并对建房面积和土地面积等相关信息在村里进行公示，公示无异议后报乡镇政府进行审查。规范宅基地审核。探索乡镇政府一窗受理的模式，改变过去多跑腿的模式，由过去好几个机关单位审批宅基地的形式改变为到一个地点进行统一办公，打造一站式服务平台，农业农村部门先对申请人提供的材料进行初审，审核是否符合宅基地申请条件，并提出初审意见。宅基地农转用手续有没有办理的必要性确定权则在于规划部门、自然资源部门，二者同时还需要审核规划条件，看是否符合乡镇规划条件，同时也要征集住建等部门的意见，让宅基地的审核更加简单，方便农民的同时也提高办事效率。做好宅基地审批的档案管理。宅基地审批的档案，要包括整个宅基地的审批材料，包括村委审批、农业农村部门审批、自然资源局审批的档案等都要进行整理归档。从农民提供申请材料开始，建立审批档案，做好一户宅基地一份档案，有电子材料的同时也要保存纸质材料，包括整个环节的审批意见，以及建成后验收报告等相关的档案都要进行归档，以供后期查阅。对于遗失的宅基地权属材料，要查阅以前的登记数据和信息进行完善补充，未办理宅基地登记的，要针对申请人提出的申请，对材料进行审查，审查宅基地的面积和属性，看是否符合乡镇规划条件。村级组织审批无意见后，报到农业农村部门和自然资源和规划部门审核，符合建房标准，方可确权登记。对现有土地权属材料和房屋资料进行整合，以免发生宅基地的错误登记。

4.加强宅基地执法的监管力度

首先，应提高执法人员的执法能力，尽管有了完善的法律条文，但是如果执法力度不够，无法将政策落实，其也是徒劳。在加强执法力度上，执法部门应当对执法人员进行定期培训，让他们将国家出台的相关政策及时传达给农民，而且，应该教导他们杜绝暴力执法，以提高其执法水平。执法人员应切实做好严格执法，不能收受贿赂、随意执法。其次，基层政府具有保护耕地的责任，基层政府应当及时制止在耕地上违法建房的行为。同时，应该鼓励农民等广大群众，发挥其监督能力，对于那些不作为的执法人员，及时监督举报，以保护自己土地的合法权益。

5. 妥善解决历史遗留问题

相关规定明确了部分历史遗留问题（面积超标、一户多宅）处理方案。文件首先确立了宅基地使用权的基本原则，即确权登记到"户"、一户一宅。满足所在地分户建房标准的未分户擅自建房分居，新建房宅基地与有关规划吻合的，经村委会或村集体经济组织同意进行公告，公告没有任何异议前提下，或者虽然有异议但异议难以成立时，则该自建分居房户的用地手续可以补办，并且在补办完手续条件下给予确权登记；没有分开居住但满足分户标准，且宅基地实际使用面积处于分户建房条件下用地面积总量标准以内的，确权登记可以进行，且按实际使用面积执行登记。"一户多宅"情况如果源于房屋继承占用宅基地导致，给予确权登记，且在不动产证书、登记簿附记列内标注，对于城镇居民继承房屋来说仅仅是取得农村房屋所有权事实的确认，并不能够继承取得宅基地使用权。村集体组织成员宅基地使用及建房均履行了审批手续，确权登记以批准面积为标准进行，反之，则以地方标准处理。如果地方没有此类标准，应基于以下分阶段处理原则进行处理，即 1982 年《村镇建房用地管理条例》实施前，农民业已存在的老宅一直延续到目前始终保持原状没有做任何改变的，确权登记标准为实际使用面积。自《村镇建房用地管理条例》（1982）颁布实施之日开始，直到《土地管理法》（1986）出台实施时止，这一阶段乡村集体组织成员宅基地超标，按中央和地方规定计算其实际超标面积，在此基础上完成确权登记。《土地管理法》生效后，村集体组织成员宅基地与规划标准相符却不符合当地面积标准（超标），应进行用地手续补充，在此前提下对标准面积进行确权登记，与此同时需要在村民权属证、管理机构登记簿的附记栏列明超标面积。

6. 完善法规，房地一体确权登记保障

登记工作能否顺利展开，取决于法制体系的完善程度。当前，我国已经形成了相应的乡村确权登记标准，而从使用实践来看，这种标准的可操作性相对较低，这主要是由于其多是基于宏观视角的原则性规定，因此需要持续修改完善我国的制度与法规体系，有必要清晰界定确权登记事宜、各方权利，一方面为权利人的合法权益依法提供保护，另一方面也可以持续完善登记程序，为依法展开确权登记提供保障。各地主管机构有必要以当地现状为着眼点，出台有现实可操作性的规章制度、规范性指导文件，对所有权利方面的基本职责、具体操作流程进行持续性细化处理，对登记工作的各环节进行规范、建立健全严格的监管体系，确保本项工作能依法依规开展。乡村宅基地流转体系完善是当务之急。宅基地流转同样符合时代发展潮流，乡村土地和农民在房地一体确权登记过程中进入市场越来越具有现实可能性，基于这种趋势迎合及现实需要，有必要迅速完善法律法规与制度体系，展开宅基地市场流转法律程序设计，提前规范市场运行体系，只有如此，才能有效界定流转原则、流转权利人的原村集体权利申请、权利转移与注销等。不断完善不动产登记法律法规，不仅保障所有权人的合法权益，而且使权利的登记和确权具有法律可依性，为确权登记工作提供理论依据。不动产登记部门也要完善各项规章制度，明确职责分工，改革农村宅基地的监督管理机制，确保不动产登记的公平正义。

（三）加强配合，提升登记人员能力

1. 明确工作职责，提高部门联系

宅基地和农房确权登记发证涉及自然资源、财政、住房城乡建设、农业农村、公安等主管部门和乡镇党委政府等多个部门，仅凭自然资源机构实施本项工作既不现实，也不可能，只有在市、县两级政府统一领导指挥下，乡镇党委政府与相关主管机构（公安、农业农村、住房城乡建设、财政、自然资源等）全面配合、通力协作，同时明确各级各部门职责，才可能将此项工作扎实、全面推进。在此过程中有必要完成各参与机构协同配合机制构建，以便各参与机构找准工作目标和发力点，具体包括：工作方案由自然资源部门牵头设计，农转用审批、规划管理、业务技术（确权登记、数据库建立等）等工作均由该部门负责；户籍证明出具、户籍人口信息核实等由公安部门负责；乡村住房建设类指导事务宜由住建部门负责指导；经费保障由财政机构主管；乡村宅基地管理与改革方面的事务则宜由农业农村部门主管。有必要完成资源信息共享机制（农房建设、宅基地确权登记、户籍登记、村庄规划、国土空间规划等）构建，有序衔接农房建设、宅基地审批管理和宅基地确权登记等。乡镇一级党委政府应站在前沿，全面履行属地职责，主动组织户籍民警、村民代表、村集体经济组织、基层群众自治组织等，以此进行户籍确认、指界、认定、权属调查、统一申请、处理矛盾和纠纷等，促使村民主动承担权利方责任，让村民自动融入到确权登记实践中来。同时，乡镇协调会

应定期举办，明确参会人员（村级负责人和乡镇领导），基于领导小组及各成员间协调、交流、沟通，增进合作、消除误解，建立统一认识，将执行主体的综合功能全面体现出来，减少确权发证组织成本，促进确权发证工作效率提升，共同推动房地一体确权工作得以开展。部门协作强化工作势在必行，只有如此，才能构建理想的乡村宅基地管理体系，理顺乡村管理秩序，提升基层政府服务意识、合作意识和责任意识，体现主管机构及其工作人员的责任担当意识，对村庄做出科学合理的规划设计，合理规划新乡村统一居住区，基于国土空间规划整体编制视角对建设用地、宅基地布局及其土地使用量做出统筹规划，对村民的合理需求给予尊重，坚持便民原则确立村庄类型，提高中心社区、中心村位置选择确定的合理性，在保证村民"居有房"前提下促进其居住环境改善，有效管理乡村宅基地，保证乡村土地利用效率提升，促进乡村稳定和谐可持续发展。

2. 全面提升工作人员的履责能力

（1）加强业务培训工作，促进专业知识积累。专业化、高素质确权工作人员培养与队伍组建是完成确权发证工作的基本保障。因此，确权发证工作实践中首要需要加强工作人员的专业水平培训，加强专业知识、专业能力培训，不断充电补钙，促其专业能力提升，善于跳出旧思维模式，发现新方法，解决新问题；提高确权登记工作者自我学习、持续学习、终身学习、创新学习能力，提高其风险识别、理解与掌控水平。强调专业思维、习惯培育，促其基于理论联系实际这一主旨勤学苦练、刻苦钻研，牢记使命，提升工作的针对性与准确性。促进工作人员完善知识架构，充实理论基础，提升专业能力，消除人为性、主观性意识和经验盲区。将房地一体确权登记的各类文件、政策解答等业务知识进行整理，并发放给基层工作人员学习；定期组织基层工作人员集中学习房地一体确权登记业务知识。确权登记难点和重点是讲解宣传的重心，注重有效方法和经验沟通与交流，促进确权登记知识累积，为确权登记的全面推进提供保障。

（2）实施奖惩并用制度，促进业务能力提升。采用积分奖励制度鼓励工作人员熟练掌握业务技能。对确权工作人员进行业务知识、能力考核，将考核结果分为良好、一般、较差三个等级进行打分，分数作为奖惩标准，以此树立典型榜样，以身边的先进典型为榜样，对照先进事迹找差距，不断提高工作人员工作能力；同时建立确权登记工作效能台账，以此来激励工作人员责任意识。

（3）创新信息交流手段，促进服务效能提升。组建确权登记政策宣讲团有助于进一步强化村民的确权登记认知，激发其主动登记办证意识。宣讲团应深入乡村开展与确权登记发证相关的各类专题宣讲，为村民解惑答疑，帮助村民捋顺思路。为此要求宣讲团成员首先应是综合素质高者，其次应具有较高的专业水平和丰富的理论知识，政治站位要高、思想境界要开阔、思维反应敏捷，特别需要对确权登记发证政策谙熟于胸，能张口就来，及时化解村民心中存在的疑虑。当然，工作人员的执行心态端正是确权登记发证工作的核心，必需将工作人员的创造性充分体现出来，减少确权执行的成本。确权登记交流平台成立同样至关重要，及时将各类培训、资料等信息发送到工作人员手中，随时接收工作人员反馈的各类情况；拓展交流平台功能，创新培训方式，通过图片、文字、视频的形式，随时向工作人员提供确权登记过程中存在各种问题的解决办法和手段。

（4）学习借鉴先进经验。确权登记工作者赴确权登记工作先进地区学习取经是提升确权登记发证工作质量的一个有效协助方案，有助于转变工作人员的工作认知，完善其知识结构，强化业务处理环节的沟通与交流能力，提升确权登记发证工作质量与效率，推动乡村房地一体宅基地及其使用权确权登记发证工作全面展开，顺利完成。

第三章

宅基地使用权

第一节　农村宅基地使用权的内涵

（一）宅基地使用权的概念

在《民法典》编纂的过程中，立法机关沿袭了《物权法》对宅基地使用权相关内容的规定，即："宅基地使用权人依法对集体所有的土地享有占有和使用的权利，有权依法利用该土地建造住宅及其附属设施。"从《民法典》和《物权法》的体系可以看出，宅基地使用权属用益物权的一种类型。实际上，宅基地使用权是一个比较新颖的概念，其最早以法律规定形式出现也只是在 2007 年《物权法》修订之后。但直到如今《民法典》的颁布，宅基地使用权的纷繁内蕴、权利义务内容仍未得到较为明确的体现。因此，对于宅基地使用权的研究首当其冲地即为明晰宅基地使用权的概念与内涵。

对于宅基地使用权的概念，有学者认为其是指"农村居民及少数城镇居民在集体所有的土地上建造住宅及其附属设施，以供居住的权利"。但有观点又认为其是有关附属物的、无使用期限限制的集体建设用地使用权。笔者认为，依据宅基地使用权的权属特征，以及《民法典》和《中华人民共和国国家标准土地基本术语》之相关规定，宅基地使用权的主体不应仅局限于农村居民，也包括少部分城镇居民。同时，其内容不仅包括住宅，也包含住宅的附属设施，这些附属设施有的或为生产资料，如畜养牲畜的圈舍，有的或为生活设施，如院坝等。因此，宅基地使用权的概念应为在集体所有的土地上建设住宅及其附属设施，以供居住或从事生产活动的权利。这样理解宅基地使用权的内涵，同样符合宅基地"三权分置"改革的要求。

（二）宅基地使用权的特征与功能

在我国现行法律体制下，宅基地使用权制度呈现"两权分离"的构造与特征，即所有权归农民集体所有，使用权则分离出来由集体分配给农民，从而保障农民"户有所居"。在"两权分离"的制度背景之下，宅基地使用权制度的保障功能显得尤为突出，"中华人民共和国成立以来宅基地制度演进的基本逻辑是保障居住功能"。通过"两权分离"的制度设计，既可以把宅基地使用权剥离出来无偿分配给农民，确保农民即使在极端困苦地情形下也不至于流离失所从而实现户有所居。同时，宅基地所有权归属集体又从另一方面确立了土地公有化，防止了土地兼并，加强了宅基地的住房保障功能。

从主体角度而言，宅基地使用权具有较强的身份性的特征，即只有属于本集体的农民，方有宅基地使用权的分配资格，这种分配是无偿的，且使用期限并无限制。这就大大加强了宅基地使用权的权利效力，使其不同于一般的用益物权，当然，这其中同样有保障功能的影子在里面，但从我国土地制度内涵分析，宅基地使用权包含了作为集体成员的农民个体对集体所有的土地行使自物权的成员权利在其中，即宅基地所有权归农民集体所有，但农民集体不是某一个具体明确的主体，而是本集体内全体农民的集合，因此作为集体内部的每一个成员，均应享有集体行权所带来的权益，而这些权益的总和又构成了集体所享有的权利，从这个角度来说，农民作为集体一份子对于宅基地所有权的权益的体现就在于对宅基地享有的使用权上面，这也是无偿分配和永久使用的制度理论来源。

除保障功能以外，宅基地使用权另一个较为重要的功能是财产功能。在宅基地使用权制度之下，蕴含着对宅基地土地资源的利用，而在我国人多地少的大背景下土地资源的稀缺性则不言而喻。正是因为土地资源稀缺，同时宅基地本身蕴含产生收益的属性，财产功能便是宅基地使用权与生俱来的特有功能，只是这种特有的财产功能在很长一段时间里被严格限制。在新中国成立伊始，为消灭剥削，国家将土地分给了农民，由农民私有，但在土地私有的状态下，很容易造成土地兼并，农民土地得而复失的结果，况且这样的土地权利形态并不符合社会主义公有制的要求，于是在人民公社化时期农村土地的所有权被收归集体所有，宅基地所有权随之转移，至此，宅基地的保障功能在逐步改革中逐渐加强，在此过程中导致宅基地的财产功能被不断地弱化，这对于经济落后、社会生产力不发达的当时具有一定的现实意义。但随着社会经济的逐步发展，宅基地使用权似乎愈加有挣脱枷锁的"欲望"，一方面，宅基地使用权人想要更好地开发利用宅基地使用权的收益功能，尝试利用宅基地进行生产经营活动，同时，其他社会主体也对宅基地的收益功能跃跃欲试，试图通过流转、租赁等方式获得宅基地使用权。这是社会经济发展的趋势所带来的利用需求。

第二节　宅基地使用权流转

一、宅基地使用权流转内涵

作为市场经济领域的概念产物,流转意指产权在不同社会主体间的自由移转,伴随我国市场经济体量的增长,作为一种约定俗成的表达扩展到法学领域。宅基地流转在"三权分置"改革中表现为宅基地使用权的流转,但囿于我国《民法典》和《土地管理法》中零散、模糊的立法表达,宅基地使用权流转的内涵还未被明确定义。

借助土地承包经营权流转理论的研究我们可以看出, "流转"是指通过依法采取转包、出租、互换、转让或者其他方式将权利在不同主体间移转的行为。体现在宅基地使用权领域,我们可将宅基地使用权流转看做是通过不同形式使宅基地使用权在不同主体间移转。一般来说,使用权流转的实践形式主要表现为转让、租赁、抵押、转建设用地入市、共建共享。

其中, 使用权转让是指在"房地一体"原则下使用权人通过变更宅基地上农房所有权人, 而实现农村宅基地使用权主体变动的过程。在流转实践中主要表现为继承、买卖、赠与农房进而产生使用权主体变动的效果。这一流转方式多发生在集体组织内部成员间。租赁是指双方当事人借助以合同形式签订的房屋租赁合同, 由出租人将合同约定的一定期限内的房屋使用权交由承租人占有并使用, 承租人根据签订的租赁合同在约定的期限和用途范围内取得房屋所对应的宅基地使用权。抵押与租赁流转宅基地使用权的方式类似, 是在不改变宅基地所有人的前提下, 由抵押权人取得宅基地上房屋的抵押权进而达到流转宅基地使用权目的。转建设用地入市则是通过集体组织对闲置宅基地进行收拢后统一将其转换为集体经营性建设用地入市流转, 来避免法律对使用权流转的限制。共建共享方式则是通过引入社会资本的进入来帮助农户建设住宅, 作为对价农户将部分"使用权"或是从其中分离出另一个具有物权属性的子权利在相应时间里让渡给第三方主体, 使得农户在保有使用权的前提下使社会第三方主体有了利用宅基地的权利。一般来说, 对宅基地使用权流转的划分可以分为使用权集体内流转和集体外流转两个方向。其中, 我国法律规范并不限制本集体组织内部流转使用权, 主要是对宅基地使用权集体外流转做出了限制规定。

二、宅基地使用权流转的现实需求

建国初期，为了支持城市建设和工业建设，我国实施了城乡二元发展模式，在这一背景下国家实施了宅基地无偿分配制度，为农民提供了安居之所。而随着市场经济的不断发展，国家逐渐打破了城乡二元发展模式，在城乡融合的进程中也应对农村宅基地使用权流转制度进行变革。随着我国市场经济体制的不断完善，农民对于土地的依赖程度越来越低，农村宅基地的财产属性已经超过了宅基地的保障属性，对于农村宅基地使用权流转的变革需求也越来越迫切。

（一）宅基地功能发生转变

生产要素在生产力发展的不同阶段扮演着不同角色，对于农村土地而言，在不同的历史时期也凸显出不同的功能。建国初期，由于我国经济发展水平较低，农村土地更多是作为农民生存的手段存在；而随着改革开放的不断推进，解决了农民的温饱问题，农村宅基地在扮演生存角色的同时，又具有了保障功能；而随着我国全面进入小康阶段，在城乡融合的现实背景之下，又赋予了农村宅基地增值手段。而要想实现宅基地的使用效能和交换价值，就是要通过宅基地使用权的流转来实现。宅基地最初扮演的角色是保障农村居民的居住权，为农村居民提供安居之所。但随着我国市场经济体制不断完善，农村社会状态已经由原来的封闭静止状态逐渐向人口流动状态转变，当前农村经济发展已经呈现多元化趋势，在如此经济体制下如果我们继续将农村土地与农民紧紧地绑在一起，势必会影响人口的正常流动，也违背了社会发展规律。在城乡融合背景下，我们要主动适应时代发展趋势，通过农村宅基地使用权流转的方式，实现农村宅基地更多的价值，进而推动城乡融合发展。

（二）市场经济的进一步发展

允许农村宅基地使用权流转是当前我国经济转型的必然要求。城乡融合背景下实现了农村与城市生产要素的合理流动，推动了我国经济快速发展，而随着经济体制的改变，以土地权利为核心的原有不动产权利体系难以满足当前市场经济发展需求。农村宅基地使用权作为土地权利的重要组成，也应该通过交易方式来满足市场经济需求。农村宅基地使用权流转应该遵循主体平等原则，交易方式要遵循当事人意愿，符合市场经济规律。但当前我国宅基地使用权流转限制颇多，特别是在政府主导下的土地流转难以发挥市场功能和作用，导致当前我国宅基地使用权流转仍处于静止状态。因此，在城乡融合背景下，应允许农村宅基地使用权自由流转，通过市场交易的方式为农村宅基地使用权人提供实现权力的方式，实现农村宅基地效益最大化。

（三）城乡土地趋向平等

允许农村宅基地使用权流转是我国城乡融合的内在要求。一方面，城乡融合背景下，在国家的政策引导之下，城乡的土地权利变得更为平等，从本质上看城市房屋建筑用地与农村宅基地都是为公民提供居住场所，但由于受到城乡二元制的影响，两者之间壁垒森严，农村宅基地要想入市，只能通过集体土地征用方式进入市场，但这种方式存在一定的弊端，政府会以较低的价格对土地进行征用，而农民无法获得土地增值收益，这种不平等的待遇不仅侵害了农民权益，也阻碍了城乡融合发展。因此，在城乡融合背景下，必须对农村宅基地政策进行改革并出台相应的配套措施，能允许农村宅基地使用权流转，实现城乡土地平等，消除对农村集体土地的歧视。另一方面，构建完善的农村宅基地交易市场，通过对闲置的宅基地的有效利用，实现城乡人口的双向流动，同时也能够为农民进城提供一定的资金保障，让城市居民在农村解决购房紧张问题，进而拉动农村经济发展，实现城乡融合目标。

三、宅基地流转的主要模式

我国对宅基地流转一直秉持审慎的态度，因此法律对宅基地使用权的规定更多的是限制性条款：《民法典》规定宅基地使用权不得抵押；2004 年，国务院《关于深化改革严格土地管理的决定》强调禁止城镇居民在农村购置宅基地；2013年 11 月国土资源部和住房城乡建设部《关于坚决遏制违法建设、销售"小产权房"的紧急通知》规定宅基地只能在集体成员内部有条件流转。可以看出，针对宅基地使用权的法律规定没有清晰的制度轮廓，主要体现了对宅基地静态利益的保护和对动态利益的限制，绝对禁止将宅基地使用权单独进行市场交易，对交易主体的限制则更加严格。为了解决实践中宅基地流转的问题，国家设立若干试点，探索宅基地流转的各种方式，试图突破上述法律限制。通过对试点地区宅基地改革进行总结概括，主要有以下几种模式。

（一）政府引导型

所谓政府引导型，即各地政府在农村宅基地使用权的流转中发挥主导作用，以政府的公信力为后盾，并给予适度的财政扶持，在农民自愿的基础上，将宅基地复垦后，由政府统一规划，部分土地为农民统一建造商品房，部分土地由政府上市出让，获取出让金，其余土地则灵活变通。目前较为成功的案例有重庆市宅基地回购等，成功试点中地方政府在推进具体工作时始终保持审慎的态度，充分尊重农民意愿，运用协商、谈判等方式与农民就宅基地置换价格达成一致。然而实践中部分采取该模式的试点改革效果并不好，主要原因在于政府不考虑当地实际情况，搞大拆大建，强行让农民"上楼"，从而让为百姓谋福利的宅基地试点改革变了味。因此在该种模式中，一个"为民"政府具有不可或缺的作用。

（二）农民自发型

所谓农民自发型，是指农民为了自身的经济发展，为了增加一些收入，通过转让、买卖、质押等方式将自有宅基地流转，获取收益，政府并不参与其中。实践中的典型案例有在宅基地上建设小产权房，占有其中的部分股份；或者将宅基地使用权用于资产抵押，换取流动资金；再者将宅基地使用权用于商业交易。农民自发交易的模式与现有法律法规的矛盾显而易见，一方急于抓住市场，通过土地变现、获取利益，而另一方担忧一旦放开对宅基地流转的限制，会导致农民最基本的居住需求因此丧失，但是不可否认这种模式大大提高了宅基地使用权流转的灵活性与自由度。应当理性、全面、客观地看待这种流转模式，对其优势与弊端进行整体分析，从而寻找更为合适的流转模式。

（三）集体组织型

所谓集体组织型，是指由村集体代表自愿流转其宅基地使用权的村民，与第三方主体进行宅基地流转的交易。实践中较为常见的做法是村集体将本村宅基地分片规划后，分为居住区和流转区，农民集中在居住区，流转区的宅基地出租或者买卖给企业作厂房，最后获得的收入按照农民个人宅基地的比例进行划分。在这种流转模式中，村集体代表着参与其中的全体农民的利益，因此其十分考验村集体的领导能力，如果领导得好，则通过宅基地使用权的流转使农民又多了一笔经济收入，而且农民需要负担的经济风险也得到了大幅减轻；但是如果领导得不好，在宅基地流转中交易失败，则会造成全部参与其中的农民的利益损失，村集体也会丧失公信力。

（四）市场主导型

虽然该流转模式由市场发挥主要作用，但是作为集体所有的宅基地仍需由政府制定相关政策并发挥保障作用。市场主导型的成功案例之一为重庆市的"地票"项目，具体来说，重庆市在保障"户有所居"的基础上，根据政府的统一规划，将空闲的宅基地重新开垦变为耕地，在合法合规的基础上，完成了一系列变更与申请的步骤后，将其转变为建设用地出租或出售给各类企业。该模式不仅增加了城市的发展空间，降低了企业的用地成本，也提高了农民的经济收入，无论对企业还是对农民都十分利好。为了盘活利用闲置宅基地，这四种主要流转模式应运而生，但是在具体的实施细节上各有不同。

政府引导型的流转模式是由政府对新建商品房的选址、规划、建造发挥主导作用，农民只能在商品房建成后就是否置换发表意见，因此其参与的积极性不高。农民自发型的流转模式中农民的参与度大大提高，交易方式也更加灵活，但是自有宅基地体量较小，在交易市场中没有优势，而且由于欠缺土地交易方面的专业知识，农民极易被欺诈，导致不仅没有赚到钱，甚至还会遭受额外的经济损失，得不偿失。集体组织型的流转模式则要十分注重宅基地流转工作中村集体具体负责人的选任，避免因其能力不足而导致流转失败，以及利用工作便利从中谋取私利。市场主导型的流转模式中政府与村集体的沟通十分关键，既要从当地的实际情况出发，照顾农民的切身利益，又要减少流转过程中不必要的成本消耗。

四、宅基地使用权流转的现实困境

（一）宅基地使用权流转的法律制度支持不足

在乡村战略实施过程中催生了农村新产业新业态，同时也为乡村融合创造了有利条件，有利于城乡要素的自由流动，大量的资金、技术和人才向农村地区集聚，而随着城乡要素的不断融合，为宅基地的功能拓展和宅基地的利用创造领域条件，多元投资主体开始将农村新产业新业态作为重要投资对象，在投资过程中需要大量的农村用地。

而在现行的制度体系下，国家仍然将宅基地作为农民的社会保障福利，主要承担的是农民的居住保障功能，具有无偿性和福利性，这就决定了农民不能将宅基地使用权随意流转，虽然法律允许农民将宅基地转让出租，但流转的范围只能是农村集体经济组织内部，之所以会有这样的规定主要是考虑到一旦放开，宅基地流转可能使部分农民无家可归、流离失所，直接会影响到农民的生存权利。现行的宅基地法律法规保护了农民在农村的基本居住权，也实现了宅基地的福利保障功能。但同时我们也看到随着城乡融合的不断推进，农村经济社会正在加快转型，农村的生产方式和农民的生活方式已经发生了深刻变化，相应的农村宅基地的功能也出现了新的变化，农村宅基地的居住保障功能正在弱化，特别是随着大量农村人口向城市转移，导致了农村地区大量宅基地闲置废弃。

（二）隐形市场的存在制约了宅基地使用权规范流转

隐形市场的存在不仅冲击了农村宅基地使用权的正常流转，同时也损害了农民的合法权益。之所以会出现宅基地使用权流转隐形市场，原因主要集中在以下几方面：

第一，随着我国农村经济产业结构的不断调整，越来越多的农民从传统的农业向其他产业转型，在这一过程中资金短缺成为他们必须解决的现实困境。对于农民而言，土地房屋和宅基地使用权是其拥有的最大资本，但由于法律对宅基地使用权流转进行了明确限定，因此很难通过正常途径和手段达到融资的目的。在这样的背景下，宅基地使用权流转的隐形市场应运而生。第二，城乡融合进程中，越来越多的农民选择进城生活，相应的农村宅基地就处于闲置荒废状态，加之由于城市居住成本过大，农民也希望通过宅基地使用权流转获得部分资金支持其城市生活，在供需两旺的宅基地使用权交易中推动的隐形市场的规模不断扩大，加之城市与农村之间的经济互动频繁，集体土地的价值也在不断上涨。第三，由于城市房价居高不下，部分在城市无法购买房屋的居民开始将目光转向郊区农村或城乡接合部，在利益的驱动之下，城市居民和农村居民通过买卖和抵押的方式实现了宅基地使用权的过渡，但这种没有法律作为保障的交易，很容易出现矛盾和纠纷。

（三）传统的乡土情结制约了宅基地使用权流转

一直以来农村宅基地都扮演着保障农民基本生存权的角色，宅基地可以通过申请无偿获得，特别是对于老一辈的农民而言，宅基地就是其居住权最重要的保障，祖祖辈辈都居住在同一个地方已经对宅基地产生了深厚感情，如果随意对宅基地进行处置就是不孝的表现，应该将这份宅基地祖祖辈辈传承下去，这既是对祖先的告慰，也是对自己落叶归根的情感表达。即使这些老年人会随同子女到城镇生活，但也想对宅基地进行保留，希望死后能够为后代留下最后的安身之所。还有些农民不再拘泥于传统的农业生活，选择到城市打工维持生计，即使在城市获得了稳定的居所，但仍然受到落叶归根思想的影响，对自己的宅基地也不会随意处置，由于宅基地是无偿获得而且具有无期限性，因此手里有宅基地就会获得心安，获得一种踏实满足感。在这种落叶归根的思想影响下，导致了我国大量宅基地处于闲置状态，甚至子女继承了多个宅基地，出现了"一户多宅"的现象。在城乡融合背景下，虽然每年有大量的农民在城镇生活，但农村地区的建筑规模并没有因此而减少，这种宅基地使用情况不仅造成了我国土地资源的浪费，也不利于农村人居环境整治。

五、乡村振兴背景下宅基地使用权流转机制的构建

乡村振兴背景下，有必要顺应时代发展趋势，推动宅基地使用权流转，为了切实保障农民能够从宅基地使用权流转中获得合法权益，有必要完善宅基地使用流转权相关法律机制，构建城乡统一的土地市场机制，完善农村宅基地使用权退出机制，实现对农村宅基地的合理利用。

（一）完善宅基地使用权流转法律机制

当前我国对于宅基地使用权流转相关法律规制尚不健全，对于宅基地使用权流转的相关法律文件散见在多部法律法规之中，很多法律法规制定时间较为久远，适用性和可操作性不强。而要想为宅基地使用权流转提供法律保障，就需要完善宅基地使用权流转相应法律规制。一方面，立法部门要主动作为深入到农村地区做好前期的调研工作，了解农民对于宅基地使用权流转的具体想法，并结合当前城乡融合背景下各地尝试的一些积极经验和教训，制定符合城乡融合的宅基地使用权流转法律制度和政策体系；另一方面，由于我国针对宅基地使用权流转还缺少相应的法律规制，但司法机关在解决宅基地使用权流转纠纷过程中也从政策层面和法律层面积累了大量经验，这些经验可以成为宅基地使用权流转的立法依据。

第一，法律应该支持农村宅基地使用权合理流转。要打破当前对于农村宅基地流转的诸多限制，设置农村宅基地流转的门槛和条件，逐步放开宅基地使用权流转，解决当前农村宅基地使用权流转的现实矛盾。在流转之前，农村宅基地使用权人应依法取得土地登记，确保农村宅基地使用权没有争议，并将其作为农村宅基地使用权进入市场的先决条件。同时要明确当宅基地使用权流转之后，原宅基地权利人不得再向村集体组织申请宅基地。通过法律形式约定宅基地使用权流转之后，不得擅自改变宅基地的用途，宅基地使用必须符合区域规划，否则将宣布宅基地使用权转让无效。

第二，通过法律形式规范交易市场主体和行为。当前我国宅基地使用权只能在本集体经济组织内部流转，这已经不符合城乡融合的现实需求，应通过法律形式适当放开农村宅基地流转范围，向城市居民开放农村宅基地使用权。如果依然沿用宅基地使用权流转，只能在本集体经济组织内部的现有规定，农村宅基地流转范围较小，其土地价值也不能体现出来，严重影响农村经济发展。通过法律形

式规范交易市场主体和行为，解决农村房屋买卖及继承带来的宅基地使用权归属问题，维护双方的合法权益。

（二）构建城乡统一的土地市场机制

城乡融合背景下，现行城乡土地结构二元性一直成为城乡融合发展的重要阻碍因素，为了更好地推动城乡融合发展，必须构建城乡统一的土地市场机制，为农村宅基地使用权流转创造有利条件。充分发挥市场在土地资源配置中的决定作用，约束政府对土地资源配置的过多干预，从而给予城乡土地平等的产权地位。同时政府要做好交易规则，制定定价机制，完善农村宅基地使用权流转相关法律规制建设等，为农村宅基地使用权市场交易做好保障措施。

第一，供求机制。通过供求机制的完善，打破供求双方信息不对称现象。在一级市场，农村集体组织是农村宅基地唯一供给方，农村集体经济组织根据农户的申请以及相关条件，无偿的为农户提供法定面积的宅基地。而在二、三级市场，拥有闲置宅基地的所有人成了农村宅基地使用权供给主体，而需求主体既可以是集体组织和集体内部成员，也可以是其他各类组织成员，集体组织可以因公共需求收回农户宅基地，并给予一定的补偿。组织成员在不突破"一户一宅"的基本原则下也可以向闲置人购买宅基地，其他组织成员也可以通过合法程序和手段拥有法律规定期限的宅基地使用权。

第二，竞争机制。二、三级市场是农村宅基地使用权竞争机制落实的重要领域，放开农村宅基地使用权市场之后，闲置的宅基地资源供给将会非常充足，而宅基地的价格随着供求关系出现变化，竞争机制的出现能够使双方主体在衡量收益与成本的基础之上更好地维护双方的合法权益。但由于土地资源的稀缺性和有限性，加之宅基地数量很难持续增长，因此宅基地的价格会随着需求方的竞价能力不断提升，出价高的需求方将会获得更优质的宅基地使用权。

（三）构建农村宅基地使用权退出机制

为了更好地维护宅基地使用权流转，有必要完善农村宅基地使用权退出机制，在确保农户基本住宅需求和权利的基础之上，应对农村闲置宅基地逐步地按照政策放活退出，实现农村土地资源的合理利用。为了防止出现农民因为农村宅基地使用权退出而导致居无定所的问题，要求退出主体必须证明农户拥有宅基地以外的稳定居所，切实保障宅基地所有人的后续生活。农村宅基地退出程序应按照农户申请，集体组织审核，乡镇政府审批流程进行，并对于退出农村宅基地农户给予适当的补偿。通过农村宅基地使用权退出机制落实，能够切实维护农户的财产收入，实现农村土地资源的科学利用。总之，随着城乡融合的不断深入，农村宅基地使用权流转机制完善迫在眉睫，有必要从法律层面、制度层面、市场层面对农村宅基地使用权流转机制加以完善，实现农村宅基地的经济价值，维护好农民的合法权益，进而推动农村经济社会发展。

第三节　宅基地使用权继承

（一）现行宅基地继承规范概述

《宪法》明确规定公民可以继承合法的私有财产，宅基地使用权作为一种特殊的财产权利，是否能作为个人财产、是否能够被公民继承却未能在其中获得明确的答复。《民法典》继承编中规定可以继承的财产必须为民事主体在去世时遗留下来的个人合法财产，并对能够合理继承的遗产内容加以举例列举，不过并没有回答宅基地使用权是否能作为个人财产被继承。因此，宅基地使用权是否属于个人财产以及是否能够被继承人合法继承这个问题仍旧亟待解答。最高法认为宅基地使用权的继承与否取决于宅基地上方是否存在房屋，没有房屋则不能继承，仅在"房地一体"原则下才能发生继承。2019 年新修正的《土地管理法》中就宅基地使用权的相关问题与修正前的内容相比没有太多变化，仍无法为具体的法律问题提供解决方案。

另外，我国的行政机关也就相关的土地问题做了一些规定。2008 年国土资源部发布的《关于进一步加快宅基地使用权登记发证工作的通知》提出宅基地的继承受到"一户一宅"原则的限制，农户已有宅基地的，再次申请登记的不予受理。2011 年国土资源部、农业部等联合发布的《关于农村集体土地确权登记发证的若干意见》中明确对于非本集体经济组织成员和已有一处宅基地的本集体经济组织成员，在被继承人去世后可适用"房地一体"原则进行继承，一同取得农房所有权和宅基地使用权，并按照法律规定的程序进行登记发证。2020 年自然资源部以答复的方式明确城镇户籍的子女也可以继承宅基地使用权，前提是宅基地上方必须存在其可以合法继承的房屋。

除了上述法律规定和中央文件外，地方也就宅基地使用权的继承问题发布了相关政策，如 2012 年安徽省发布的《安徽省休宁县农村宅基地管理办法（试行）》中要求农村房屋的继承人必须符合宅基地审批条件，此外继承人只能拥有一处宅基地，对于继承取得的超过国家规定的标准面积的，由本集体经济组织收回。2018 年，广东省佛山市发布的《佛山市南海区农村宅基地及地上房屋确权登记操作规程》中对继承人的主体资格未施加任何限制条件，只要继承人对地上房屋有合法继承权，那么无论其身份是城镇居民还是村集体的村民，都可以继承农房和宅基地使用权。

综上所述，可知在我国当前已经公布的法律法规和相关政策中对于宅基地使用权继承的问题大多规定较为片面模糊，甚至有的规定之间会自相矛盾，缺乏系统性的制度体系，当前的相关规定不足以解决现实中的宅基地使用权纠纷。

（二）宅基地使用权能否继承的理论争议

城镇化是当今社会发展的大旋律、大趋势，党的十八大以来，宅基地使用权能否继承一直以来都是社会争议的焦点所在，国家为解决此问题进行了大量的试点工作。也正是因为国家的重视、社会的需要，越来越多的学者参与其中进行讨论，形成了许多不同的学术观点。

1. 肯定继承说

部分学者主张宅基地使用权能够继承。根据自然资源部2020年9月9日对十三届全国人大三次会议第3226号建议中"农民的宅基地使用权可以依法由城镇户籍的子女继承并办理不动产登记"的答复和最高院（2020）最高法行再375号的判决，宅基地使用权可以依法由城镇户口的子女继承并办理不动产登记这一情况已经成为一种共识，这无疑是对肯定继承说的有力支持。

2. 否定继承说

有部分学者如夏柱智则主张宅基地使用权不能继承。坚持否定继承说的学者认为不能将土地使用权与建筑物所有权一概而论地适用房地一体原则，在我国现有的法律规定中也未曾明确宅基地使用权与建筑物所有权之间一并处分的原则。若单纯让继承人通过继承房屋等建筑来使用宅基地，将会导致宅基地使用权主体与房屋所有权主体相分离，此时继承人的继承便会丧失法律的正当性，这也是否定继承说存在的重要理论支点。

3. 妥协说

妥协说则更像是前两者学说的结合，认为在城镇一体化的大趋势下，应该尤其注意保护农民的相关利益。妥协说并没有完全肯定或否定能否继承宅基地使用权，对于宅基地使用权继承持肯定的态度，但是必须对这类继承进行一定的平衡，例如相应继承的宅基地使用权更改为有偿或是有一定期限的，但也要注意结合农村集体组织的优先购买权和强制购买义务共同实施。

（三）宅基地使用权继承主体资格的确立

2021年正式实施的《中华人民共和国民法典》（以下简称《民法典》）对《中华人民共和国继承法》（以下简称《继承法》）进行了部分修正，删除了可继承遗产的具体范围，虽然房屋作为遗产可以继承是符合公序良俗的不争事实，但是对宅基地使用权能否继承，该法尚未明确规定。在司法实践中，关于宅基地使用权继承的主体仍存在争议。

1. 城镇子女可以继承的新政策

长期以来，我国农村宅基地继承中通常会优先选择同一户内的主体，这来自中国传统的家庭生活模式，由此也可以看出，在处理继承问题时，继承人与被继承人是否具有血缘关系才是继承资格的核心，其在集体经济组织中的身份并不是影响继承资格的因素。随着城镇经济的发展，许多原集体经济组织成员因求学、外嫁或进城务工等转入城镇户口或其他集体户口，因此引发了关于城镇子女是否可以继承农村宅基地的讨论。如果仅仅因为身份变化就否定转变户籍的原集体经济组织成员的继承资格，显然有失公平。因此，目前关于宅基地使用权继承方面的讨论主要集中在继承主体资格上，而非户籍上。

此前，我国《民法典》中对宅基地使用权继承并没有明确加以规定，《中华人民共和国土地管理法》（以下简称《土地管理法》）中也没有对宅基地使用权继承人的范围进行划分。2020年10月19日，自然资源部经与城乡建设部、民政部、最高人民法院、农业农村部等七部门协商，对"十三届全国人大三次会议第3226号建议"做出了明确回复："农民的宅基地使用权可以依法由城镇户籍的子女继承并办理不动产登记。"《不动产登记操作规范（试行）》明确规定，非本村集体经济组织成员（含城镇居民），因继承房屋占用宅基地的，可按相关规定办理确权登记，在不动产登记簿及证书附记栏注记"该权利人为本农民集体经济组织原成员住宅的合法继承人"。城镇子女可以依法继承宅基地使用权的政策不仅承继了《继承法》中对公民私有财产权利的精神，还对我国大力推进乡村振兴战略的实施起到了至关重要的作用。

第一，明确了农民在宅基地上建成的房屋是其重要的私有财产。我国十分重视每一位公民的继承利益，《民法典》中特别设置独立的章节对《继承法》的内容进行阐述，依照《民法典》继承编的内涵，农民在其宅基地上建设的房屋自然地属于其个人财产，也必然可以由其继承人依法取得，即使子女的户籍从农村集体户籍变为城镇户籍，也不应影响其合法的继承权利。这种规定不仅可以有效地预防农民宅基地上的房屋权利悬空，避免产生"私产保护虚无"的现实问题，还可以有效避免农民子女在户籍变更后面临"居无定所"的情况，对维护社会秩序意义重大。

第二，有利于农村经济和社会发展。随着城镇化进程不断推进，各地纷纷出台政策吸引人才，大力实施人才强市战略，实行"先落户后就业"的政策，符合条件的高学历或技术型人才均可落户，同时允许配偶、子女、父母户口随迁。除政策吸引来大批人才外，进城务工的农村人口为方便购房、子女上学，也倾向于将户口从农村迁至城市，这一现象在增加城镇人口、助力城市化进程的同时，容易导致农村"空心化"。城镇子女可以继承宅基地使用权的政策可以吸引城镇子女回乡创业，不但能有效地促进资金回流农村，刺激农村经济发展，还有利于更好地保障农户权益，并且在保障农民利益的基础上去除以往制度僵化的弊端。此外，城镇子女可以继承宅基地使用权的政策，解决了当代农村年轻人的后顾之忧，一方面鼓励农村年轻人大胆进入城市发展，另一方面为其提供了坚实的后盾，使进城务工的农村年轻人摆脱了在城市居留后担心失去农村户籍福利的困扰。

2. 继承中对复合主体资格的认定

除了对已独立立户的继承人进行资格认定，在大多数关于宅基地继承的涉农诉讼案件中，法官对一户一宅中"户"的界定难点还有对复合主体资格的认定，即在有多个继承人的情况下如何对继承主体进行认定。这一问题的产生是基于历史的原因。在中国农村，由于不少地区仍存在"分家"的旧俗，宅基地使用权作为遗产的一部分，在分割时争议很大。通常意义下，"分家"是指父母在子女结婚后将全部的家庭共有财产及债务部分让与子女，与赠予合同有所不同，一般情况下，在分家时并不必须由父母签字认可财产的赠与，往往是当事人达成某种共识即可，并且在有女儿的家庭中，通常默认女儿不参与财产转让，因此，在涉农继承类案件中经常出现出嫁后的女性成员在父母去世后以未参与或自始不知晓分家内容为理由请求法院重新分割家庭财产，但是由于法院在对分家时财产划分协议效力的确认上没有明确的裁量标准，导致出现不同裁判观点。有特殊情况的，为了解决家庭内部需求，父母与子女会签订有关宅基地使用权的协议，但即使有书面的协议，这类情况引发的案件在司法实践中也存在协议效力认定上的分歧。

（四）宅基地使用权继承制度的改革路径

宅基地使用权继承的现实困境，实质上是由相关法律在制定时关于宅基地使用权权能设置的缺失造成的。其中，最大的缺憾便是对宅基地使用权继承问题未通过高位阶法律加以规范。法源的缺失导致现实中出现"同案不同判"、地方性法规与现行《民法典》《土地管理法》等高位阶法律相冲突的问题。宅基地使用权被归于《民法典》用益物权分编中，但实际上其自身特质决定了应与一般的用益物权相区别。有学者认为，宅基地使用权是一项用益物权（这与无偿还是有偿取得无关）。即使无偿取得基于一定的福利性，但这也只应被归于取得环节的特征，宅基地使用权在持有和流转环节应被认定为完整的用益物权，享有财产属性与收益权能。宅基地使用权的无偿性不只是取得环节的特征。无偿性是宅基地使用权的创设初衷。这种福利应独属于本集体经济组织成员。结合当下农村经济发展现状，非本集体经济组织成员对宅基地使用权存在大量需求，因此，可通过有偿使用制度来为宅基地使用权创设"可继承性"。但任何制度绝非简单赋予或认可此项权利即可创设的，尚需考虑多方面的因素并辅之其他条款。

首先，赋予宅基地使用权可供继承的处分权能，从法律层面上确认宅基地使用权属于农民个人合法财产可供子女继承。《民法典》中的继承编仅对"遗产"进行笼统概括，并以兜底式条款来排除不得继承的物。无论是《民法典》中的物权编还是《土地管理法》，均未对宅基地使用权是否属于遗产加以说明（我国现行立法对该问题持保留态度），且仅赋予农民"占有"与"使用"宅基地的权能。宅基地使用权缺少可继承的法源，难以满足继承需求。因此，宅基地使用权继承改革的首要环节便是将宅基地使用权明确规定为可供继承之"物"，为后续的问题研究或制度设计提供法源支持。

其次，建立有偿使用制度，限制非本集体经济组织成员的继承。如果法律允许非本集体经济组织成员（城镇居民）基于农房的可继承性而继承宅基地，将会导致宅基地使用权继承的第二大难题，即有身份与面积限制的宅基地使用权与无此限制的房屋所有权之间的冲突。否定观点认为，如此一来将会打破现行立法对宅基地使用权主体与面积的限制——非本集体经济组织成员或已分得宅基地的本集体经济组织成员经由房屋的继承而实质取得了宅基地使用权。宅基地使用权作为一项财产权利，使用权的继承不必然受集体经济组织成员的身份限制。更何况该身份资格不是永久性的，许多原因均会导致集体经济组织成员资格的改变甚至灭失，如异地求学、外出务工、外嫁他乡等。

如今，城镇一体化高度发展，许多农民离开故土在城市拼搏，久而久之在城市买房、定居，从前的农村户口亦被城镇户口所替代，如果仅因户籍的变动而否定其继承资格显然是不妥的。因此，地方实践中往往在承认继承资格的同时，针对不同的不适格继承人设立不同等级的使用费收费标准，从而合理地扩大宅基地继承主体。其具体创设规则如下：对于不具有本集体经济组织成员身份的继承人，可参照农村集体经营性建设用地流转的价格减半后进行收费；对于具有本集体经济组织成员身份的继承人，可在该继承人已单独申领宅基地的情况下，依照非本集体经济组织成员缴纳费用的标准，针对该户的具体情况收取一定比例的费用。虽然宅基地使用权的取得向非集体经济组织成员（包括城镇居民）打开了口子，但同时也对非集体经济组织成员与集体经济组织成员做出了差异性的划分，一定程度上仍保持着宅基地使用权的主体特殊性，也可避免因非集体经济组织成员滥用继承权而导致的宅基地闲置、荒废。

再次，完善宅基地权属登记制度，注明继承取得人身份。宅基地使用权申领要注意区分继承取得人与原始取得人。因此，土地管理部门有必要在权属登记簿上注明继承取得，将继承取得人纳入宅基地继承取得登记名录，以便继承取得人缴纳有偿使用费，并避免下次流转时出现难以溯源的情况。

最后，建立宅基地退出与收回机制。为防止非集体经济组织成员滥用继承权导致宅基地闲置、荒废，可建立宅基地有偿使用制度对非本集体经济组织成员设置一定的"继承障碍"。作为一个理性的继承人，当获取某项特定权利并非无偿时必然会权衡其中的利弊。在现有法律体系框架下，此类继承人退出宅基地与宅基地使用权人退出宅基地并不相同，因其不是宅基地使用权的适格主体，所以往往无法获得退出宅基地使用权的补偿。倘若继承人退出宅基地使用权后可获取的利益高于继承，那么继承人将有可能选择放弃继承权，该块宅基地使用权重新回到集体经济组织手中，其价值亦可增加。由于宅基地使用权制度具有一定的社会保障性且宅基地上存在农民自费建造的房屋，所以宅基地退出与收回机制应建立配套补偿制度，对于自愿放弃自费建造房屋继承权的继承人应视情况给予一定的经济补偿，以维持宅基地的福利性与高效利用之间的平衡。

第四节　宅基地使用权抵押

（一）宅基地使用权抵押规范概述

法律法规一直限制宅基地使用权抵押。《民法典》第 399 条明确指出了宅基地使用权不得进行抵押，但同时为宅基地使用权抵押提供了希望的是"但书"条款的存在。也就是说在其他法律允许抵押时，便可抵押宅基地使用权。另外，《土地管理法》并未对宅基地使用权抵押做任何规定。2021 年，中共中央国务院发布了《关于全面推进乡村振兴加快农业农村现代化的意见》（以下简称《意见》），《意见》指出要完善要素市场化配置机制和农村产权制度，探索建立农村集体经营性建设用地入市制度。这个《意见》为宅基地使用权抵押提供了坚实的法律保障。

在政策层面，针对宅基地使用权抵押这一问题，2010 年，中国人民银行、证监会和保监会首次提出探索开展宅基地使用权抵押贷款业务。2015 年末，中央在全国范围内选取了 59 个县（市、区）推行了历时三年的农民住房财产权抵押贷款的试点工作。2016 年 3 月国土资源部、住房和城乡建设部以及财政部联合发布了《农民住房财产权抵押贷款试点暂行办法》，为宅基地使用权抵押提供了制度基础。2018 年"中央一号文件"首次明确了适度放活宅基地和农民房屋使用权，之后，宅基地使用权的财产功能（包括抵押功能）得到重申。2022 年，"十四五"推进农业农村现代化规划明确，"要循序渐进盘活利用农村闲置宅基地和闲置住宅。从而建立节约利用、管理规范的农村宅基地制度"。这一规划为农村土地制度改革指明了方向。从上述政策来看，国家正逐步放开对农村宅基地使用权抵押的限制，尤其是 2015 年以来，政策扶持力度不断加大。

（二）宅基地使用权抵押的实践

随着国家政策的不断变化，各地试点地区利用中央的政策，稳步推进，根据各地的实际，具体问题具体分析开展宅基地使用权抵押的试点工作，也取得了一定的成果，以下三个地区的试点具有典型性。

1. 政府主导的风险基金模式

宁夏平罗县的宅基地使用权抵押试点是以政府为主导的，平罗县农村人口约占全县人口的 50%，有近 15 万的农村人口，全县闲置的宅基地达到了 1.4 万亩。该地宅基地使用权抵押的探索开始在 2015 年，由政府对宅基地进行确权颁证，财政、司法部门与金融机构合作开展宅基地抵押工作的试点。平罗县在担保、抵押、风险负担上分别建立了各自的制度体系。首先是担保，平罗县的担保是招募社会资金，成立专门的融资担保公司作为担保人。其次是抵押，平罗县明确规定了抵押贷款的对象；平罗县的价值评估采取的是分段的方式，借款人和信贷人员协商评估 20 万元以下的宅基地，借款人自由选择具有县级以上资质的专业评估组织或机构进行评估 20 万元以上的宅基地。关于风险的分担，由财政局出资建立风险基金以防范风险，由金融机构负责风险的预警以排查风险，监督抵押主体的经营状况，确保能够及时把握准确的风险信息。最后是实施效果，平罗县的宅基地使用权抵押人利用抵押得到的资金充分地发展农产品加工销售、农家餐馆等产业，增加了农民的收入，促进了农村经济的发展。

2. 全过程风险评估模式

四川泸县的宅基地使用权抵押试点是以金融机构为主导的全过程风险评估模式。泸县有近 93 万的农村人口，占全县人口的 90%，截至 2015 年，全县闲置的宅基地达到了 4 万宗，约 3.23 万亩。泸县进行宅基地使用权抵押的改革试点开始在 2015 年 2 月，已经形成了比较完备的宅基地使用权抵押制度。泸县政府辅助中国农业银行泸州分行研究制定了宅基地使用权抵押贷款的方案，同时在有代表性的城镇开展试点工作。泸县在担保、抵押、风险负担上分别建立了各自的制度体系。首先是担保，由政府设立的担保公司为宅基地使用权抵押人进行担保。其次是抵押，抵押的主体必须是本县范围内的具有农村户籍的人，并且不能有不良的信用记录，同时建立科学的评估体系，通过协商和专家参与的方式科学评估宅基地的价值。最后关于风险的分担，第一是政府出资建立风险基金以防范风险；第二是金融机构监测抵押贷款的风险，随时掌握抵押主体的经营状况，了解把握风险信息，全程掌握存在的风险；第三是实施效果，截至 2022 年 4 月，自从改革试点以来，泸县共有 239 宗宅基地实现抵押贷款，贷款金额共计 4740 万元，宅基地使用权的财产性价值得到充分实现，农民生活得到改善，也促进了农村经济的发展。

3. 政策性金融 + 司法协助模式

浙江乐清的宅基地使用权抵押采用的是政策性金融 + 司法协助的模式。2015 年 12 月，乐清市被列入宅基地使用权抵押的试点地区，截至 2021 年，乐清的农村人口占比为 27.2%，比上一年减少了 6%。作为最早一批改革试点的地区，乐清早已形成了自己独有的模式。乐清市在担保、抵押、风险负担上分别建立了各自的制度体系。首先是担保，市财政局出资 500 万设立担保基金，作为专项扶持基金鼓励银行业金融机构为农民提供贷款，引导政策性农业担保公司参与抵押业务。其次是抵押，乐清市扩大了抵押物的处置范围，受让人扩大为本市的农户，为了方便交易，成立了农村产权交易中心，并且给予农户安置补偿。关于风险负担，政府积极推进农村的保险市场建设，鼓励与保险公司开展合作，开展宅基地使用权抵押的保险业务。在遭遇气象灾害等不可抗力时，农户因没有收入而不能按照还款时间正常还款，此时向法院申请，法院可以裁定延长还款的期限，延缓期限满后，若仍无法偿还，参照宅基地的变卖价格，由政府全额补偿，以保障农户的基本居住。就实施效果来说，乐清市在其三年的改革活动中，宅基地使用权的财产性价值得到充分实现，贷款的额度达到了全国第一，体现了放活宅基地使用权的政策红利是增加农民收入。

（三）宅基地使用权抵押的困境

现如今，农村宅基地使用权抵押工作有政策支持、地方政府文件规定，但是，通过对实践地区的分析，发现我国宅基地使用权抵押过程中还存在很多问题，在实践中涉及到相关法律法规、价值评估、金融机构等多方面的问题。

1. 相关立法不完善

我国《民法典》第 399 条明确指出了宅基地使用权不得进行抵押。《土地管理法》也只规定了农村居民出租或者出卖宅基地之后再次申请宅基地是不会被批准的。这样一来，实践中对宅基地使用权抵押的推广和法律对宅基地使用权抵押的禁止存在一定的矛盾和冲突。宅基地使用权是否可以抵押在《民法典》《土地管理法》等法律中并没有规定，宅基地使用权是否可以在农民住房财产权抵押时一起抵押也缺乏法律规定。《民法典》第 397 条和第 398 条规定了"房地一体"的抵押规则，建筑物及其土地使用权一并抵押，乡镇、村企业的建设用地使用权只能与建筑物一并抵押，不可以单独抵押。《民法典》目前并没有对宅基地使用权抵押是否可以适用"房地一体"的抵押规则做出规定。

2. 抵押主体范围小

宅基地使用权抵押的主体范围小，原因就是各地区在宅基地使用权抵押试点中，都对宅基地使用权抵押人、抵押人资格进行了限制。首先是对抵押人资格限制，因为要考虑抵押行为的效力以及后续偿还债务的能力，所以限制了抵押人的年龄。江西余江的年龄限制男女不同，与各自结婚登记年龄完全相同。浙江义乌则没有根据性别限制，都是在年满 18 周岁之后。宁夏平罗虽然规定具有完全民事行为能力，但是其规定年龄必须在 60 周岁以下。一般来说，宅基地使用权抵押人是完全民事行为能力人，在此基础上再限制年龄是没有很大必要的，对宅基地使用权抵押人的限制可以是其信用不达标或者偿还能力不足，偿还能力和信用度是考察的重点。另外，还对抵押人进行住房数量上的限制，规定申请抵押需要有其他的稳定住房，并提供相关资料证明。我国宅基地分配遵循"一户一宅"的原则，只有一处宅基地的农户占大多数，无法提供要求的其他住房的证明资料。最后是限制抵押权人的资格，抵押权人主要为金融机构，试点地区参与的金融机构主体主要是农村信用社以及部分可以办理农村业务的银行。还尚未拥有抵押权人资格的也就是国有银行、股份制商业银行以及民间资本等。金融机构规模小，产品少，经营状况不稳定，宅基地使用权抵押人比较分散，农村信用社等金融机构管理起来较为困难。另外，宅基地的"身份性"特征使宅基地变现困难，导致农村信用社难以实现抵押权，加重农村信用社的经营风险。

3. 申请抵押的难度高

抵押的两个设定条件在《民法典》第 400 条和第 402 条中有规定，一是要设立抵押权必须签订书面的合同，二是要进行不动产登记。在试点地区对抵押还有另外的限制，首先是限制贷款用途，宁夏平罗县规定，宅基地使用权抵押贷款应当优先用于农业生产经营，农户的主要收入来源就是农业生产经营，所以农户大多数资金都是用于农业生产上的。其次是要取得集体经济组织同意。政策文件对于宅基地使用权人申请宅基地使用权抵押贷款是否需要经过集体经济组织同意的规定有所不同，《"两权"抵押意见》中农业经营主体具有自主决定权，而《农民住房财产权抵押贷款试点暂行办法》却规定要抵押人寻求经集体经济组织书面同意。在实践中，需要村集体的同意的比较多，要求比较严格的地区占一部分，平罗县就是一个例子，虽然抵押是在集体经济组织内部的农户中进行的，但是要抵押就必须得到村委会的同意，并且还要拿到村委会出具的书面同意书；但是也有部分试点地区要求相对较宽松，比如滕州市的规定就相对比较宽松，其规定了集体经济组织无条件同意，虽然也是要取得集体经济组织的同意，但是却不用书面同意书。

4. 宅基地价值评估不到位

宅基地的价值评估不到位，缺乏专门的价格评估机构。宅基地使用权价值的合理评估是其进入金融市场的前提条件，其评估价值的高低决定了农民能获得多少金融机构的融资。在试点地区，宅基地使用权抵押中需要各方诸多人参与抵押物价值的确定，需要金融机构、村集体组织以及农户等多方沟通、商议抵押物的价值，考虑众多方面的因素才能够合理确定，并且在实际操作中，大多数都是由金融机构片面地决定宅基地使用权的价值，金融机构往往只考虑自身的利益，这样的评估结果往往是不公正不合理的。最终产生的合理价格需要考虑宅基地位置、宅基地大小、宅基地使用权人是否仅有一套住宅等一系列因素。因此，宅基地使用权抵押过程中宅基地价值的确定缺乏专门的价格评估机构，宅基地的价值评估不到位，不利于宅基地使用权抵押工作的开展。

5. 风险防范机制不完善

宅基地使用权抵押在实践中面临诸多危险。宅基地使用权抵押中存在的最大风险就是债权无法实现，目前，各试点地区面临的主要问题就是抵押人抗风险能力差，利用宅基地使用权贷款之后经营不善，无法偿还贷款的全部数额，这种情况下双方权利很难平衡。首先是各权利人之间发生的纠纷风险，大多数地区都通过诉讼的方式来解决纠纷，很少先选择非诉途径来解决纠纷，最常见的非诉途径就是调解。例如浙江乐清市规定发生纠纷时，借贷双方应先协商解决，协商不成的，向法院起诉或者申请仲裁。协商一般都没有相关人员的参与，是借贷双方自行进行的，所以协商能够解决问题的概率较低，协商不成只能进行仲裁或者诉讼，这样花费的时间成本就会大大增加，时间成本的增加可能会导致抵押人或债务人不愿意进行仲裁或诉讼。另外，个别地区的风险承担机制较单一，比如浙江乐清是由政府出资承担风险，贷款的庞大数额使政府财政压力过大、不堪重负，并且一直由政府承担风险也不是长久之计，这就更加需要多个主体参与分担贷款风险。

（四）宅基地使用权抵押的完善路径

为确保宅基地使用权抵押工作能够促进农村土地最大化利用，促进农村经济发展，应尽快完善宅基地使用权抵押制度，应从以下几方面入手。

1. 完善法律、司法解释中宅基地使用权抵押的相关内容

为了更好地促进农村经济发展，推进宅基地使用权抵押工作，需要宅基地使用权抵押在法律上具有合法性。根据我国实践中存在的问题，有针对性的完善政策法律冲突的地方。一方面，《民法典》《土地管理法》等法律要考虑将宅基地使用权抵押的实践成果纳入各自的立法之中，宅基地使用权抵押的抵押主体范围和抵押权生效等都和担保相关，担保制度应该都有所涉及，所以以上内容都应该能够在《民法典》担保制度中有详细的规定，《民法典》中禁止宅基地使用权抵押的条款也应当有所调整。另一方面，要出台相关司法解释，最高人民法院根据

自身在实务中接触到的宅基地使用权抵押的问题出台司法解释，为宅基地使用权抵押的债权风险承担提供执行依据，为试点地区宅基地使用权的抵押提供必要的司法保障。

2. 扩大宅基地使用权抵押主体范围

首先，申请抵押人的资格不应当有太多限制，放宽资格条件，扩大抵押人的范围，不应当额外限制抵押人的年龄以及其住房数量。申请宅基地使用权抵押时，应当重点审查抵押人的信用度以及其偿还能力。宅基地使用权抵押人应当具备完全民事行为能力，在此基础上不再对年龄进行限制。此外就是放宽住房数量，申请人的配偶、子女或者父母可以签署书面证明，可以为抵押人提供长期稳定的住所。其次，不应该过多限制抵押权人的资格，抵押权人一般就是农村信用社、农业银行等金融机构，也应当提高其他国家控股的商业性银行的参与度，发挥政府的作用，引导民间资本加入。国家控股的商业银行有国家的支持，资金周转灵活，经营状况和管理能力也具有自己的优势，可以分担农村信用社等金融机构的资金压力。

3. 放宽申请抵押的条件

针对宅基地使用权抵押贷款的用途，根据《中共中央关于全面深化改革若干重大问题的决定》的精神，宅基地使用权抵押贷款的主要目的在于增加农民的收入，改善农民的生活条件，而非只有满足农业生产经营的目的。因此，无论是农民贷款的用途如何，只要能够增加农民收入，改善农民生活条件，都应该被允许。针对"宅基地使用权抵押的设立须经本集体经济组织的同意"应放宽政策，宅基地使用权无须本集体经济组织同意，理由如下：首先，宅基地使用权的是农户的权利，在不损害国家、集体和他人利益的前提下，农村居民有权独立自主地行使自己的权利，不受任何人的干涉。第二，在宅基地使用权抵押过程中并不会改变宅基地所有权的归属，不会损害本集体经济组织的利益。第三，民事活动应当遵循自愿的原则。宅基地使用权抵押活动属于担保的内容，理应遵循自愿的原则，在行使自己的权利时不受他人的干涉。

4. 完善宅基地价值评估标准

宅基地价值评估标准受许多因素的影响，宅基地的地理位置、宅基地大小以及房屋的年龄等都对宅基地的价值有一定影响。各试点地区都是根据各地的具体情况确定宅基地的价值，价值评估标准并不统一，不利于全国性宅基地使用权抵押工作的开展。前文提到的宁夏平罗的宅基地价值评估标准可以推广适用到全国，按照影响宅基地价值的因素进行分级，为了使宅基地的价值被评估得更合理更科学，要根据不同的等级来制定基准价格，在基准价格的基础上最终判定价值大小。首先，可以由政府颁布相关制度规范，确定评估机构的设立资质，或者引入取得相关资质的社会评估公司，由第三方评估机构对宅基地进行评估。其次，对宅基地价值的评估结果进行审核，由政府组建的相关评估机构、研究农村土地方面的专家进行审核，保证价值确定的专业性和合理性。

5. 完善宅基地使用权抵押风险防范机制

完善宅基地使用权抵押的风险防范机制对农村金融市场的发展极为重要的。农村宅基地抵押贷款比普通不动产抵押贷款更具有特殊性。积极建立多方主体参与的风险化解机制，政府积极引导金融机构、担保及保险公司参与抵押贷款工作，以更好地促进宅基地使用权的抵押。

首先，参考宁夏平罗政府主导的风险基金模式，根据当地抵押贷款具体规模和政府财政状况，由政府出资建立风险基金以防范风险，由金融机构负责风险的预警以排查风险，监督抵押主体的经营状况，确保能够及时把握准确的风险信息。其次，充分发挥担保的作用。综合四川泸县的全过程风险评估模式和浙江乐清的政策性金融＋司法协助模式，由政府设立的担保公司为宅基地使用权抵押人进行担保，政府出资建立专项扶持基金，引导政策性农业担保公司参与抵押业务。再次，政府引导社会资金建立商业化的担保公司，以此支持农村抵押工作。担保公司与金融机构合作，共同承担风险。最后，开展保险业务。参考浙江乐清的"政策性金融＋司法协助"模式，政府积极推进农村的保险市场建设，鼓励与保险公司开展合作，开展宅基地使用权抵押的保险业务。政府引导保险公司进入农村，并提供专项资金鼓励农户购买保险，为购买保险的农户提供一部分补贴。对于已经购买保险的农户可以简化贷款手续，增加抵押金额等。建立以上多个主体参与的风险分担机制，能够更好地降低宅基地使用权抵押贷款的风险，提高金融机构和农户参与抵押贷款的积极性。

第五节　宅基地使用权收回

一、宅基地使用权收回的内涵

（一）宅基地使用权收回的含义

2006 年《中华人民共和国物权法》将宅基地使用权确定为一项独立的用益物权后，《中华人民共和国民法典》沿用了这一规定。根据我国《民法典》的规定，宅基地使用权是指村集体成员对村集体所有的宅基地上建造住宅及其附属设施，并对宅基地进行占有、使用的权利。但宅基地使用权并非一般意义上的用益物权，其特殊之处在于：一是取得权利的身份性，本集体成员基于成员身份取得宅基地使用权，集体之外的成员无权取得宅基地使用权；二是权利的无偿性，集体成员通过无偿取得宅基地使用权从而获得最基本的居住保障；三是用途的限定性，宅基地仅能用来建造住宅及其附属设施；四是使用期限无限制，宅基地使用权不存在使用期限限制，理论上，该权利可以永久存续。

正是由于宅基地使用权具有上述特征，决定了其具有福利性与社会保障功能。宅基地使用权收回制度是宅基地使用权制度的重要组成部分，当前，对于宅基地使用权收回的概念尚不统一。一些学者认为，宅基地使用权收回是指当特定的事由出现时，集体经济组织报政府批准后从而收回宅基地使用权。还有一些学者认为，宅基地使用权收回是指根据法律规定，由特定主体依照特定程序收回宅基地使用权的行为。以上两种观点皆是基于法律文本的规定对其进行界定，没有触及宅基地使用权收回行为的本质。宅基地使用权被确定为一项用益物权，对宅基地使用权收回涵义的界定理应结合物权变动原理。故宅基地使用权收回的含义为：集体经济组织基于集体土地所有权及特定事由的出现，依照特定程序，使宅基地使用权归于消灭的民事法律行为。收回宅基地使用权是农村集体土地所有权的应然权能，也是进一步提高土地利用效率的有效举措。

（二）宅基地使用权收回与宅基地使用权退出的区分

宅基地用益物权消灭的原因包括宅基地使用权收回与退出，厘清二者的区别，有助于学术界在使用相关概念时，指向同一内涵与外延。宅基地使用权退出是指村集体成员自愿将宅基地使用权这一用益物权消灭，使村集体的宅基地所有权恢复至圆满状态。

二者主要存在以下区别：一是有无强制性不同。宅基地使用权收回除了协商收回外，当法定收回事由出现时，集体成员的宅基地使用权可以依法强制收回。由此观之，收回行为具有强制性。宅基地使用权退出则不具有强制性，宅基地使用权是法律赋予农村集体成员的财产权利，任何主体都无权剥夺，其退出必须基于宅基地使用权人自愿，不得强制安排农民退出。中央曾发文强调，不得将农民进城落户与宅基地退出相挂钩。由此可见，即使农户进城落户，宅基地使用权退出也须遵循自愿原则。二是有无补偿不同。根据法律规定，只有基于公共利益收回宅基地使用权时才给予适当补偿，对于其他事由，集体可以无偿收回。而宅基地使用权退出则坚持有偿原则，但是在我国农村地区，农民往往将宅基地视为自己的私产，一般不会主动退出宅基地，即便退出，也必须经过合理补偿阶段。

二、农村宅基地使用权收回制度中的问题

现行法律法规中，农村宅基地使用权收回制度的法律基础是《土地管理法》第 66 条、《确定土地所有权和使用权的若干规定》第 52 条和各省、直辖市制定的土地管理实施办法以及地方政府制定的农村宅基地管理办法。分析发现，我国宅基地使用权收回制度中存在启动主体不明确、收回程序不健全和救济保障缺失等问题。

（一）宅基地使用权收回主体不明确

从文义上讲，《土地管理法》第 66 条规定的宅基地使用权收回的主体是集体经济组织，这一规定在实践中却遭遇难题。在实践中，由于"农村集体经济组织"缺乏有效的运行机制，地方立法关于宅基地收回主体的规定各不相同，大部分省份的规定甚至模糊了村民委员会和村民小组的差异，将行政村一级的村委会和直接由农民集体组成的村民小组混为一谈，各省、自治区、直辖市在宅基地使用权收回主体上存在很大的分歧。收回主体基本上包括了集体经济组织、村民自治组织、人民政府等几类。

（二）宅基地使用权收回程序不健全

完善的程序是保障公民权利的前提和基础，也是维护社会公平公正的重要手段。但《土地管理法》第 66 条只用一句话规定了宅基地使用权收回的程序，关于决定的做出、表决、听证以及复议等程序并未提及。在司法实践中，相关主体违背行政公开公正原则，只重实体，忽视告知程序，削弱甚至剥夺了当事人的陈

述、申辩以及听证的权利。这也反映出相关主体的程序意识淡薄，法律意识不强，考核机制不合理、监督措施不到位等问题，从而影响了程序上的规范性。

（三）宅基地使用权收回中的救济保障缺失

救济保障包括两个方面的内容，一是宅基地使用权收回决定做出过程中的程序保障，二是收回决定做出后的司法保障。前者通过让村民参与到宅基地使用权收回的决定过程中来实现。后者则是在司法过程中实现权利的救济。由于现阶段宅基地使用权收回的程序不健全，这方面的救济保障处于缺失状态。并且，法律对宅基地使用权收回后的补偿标准没有明确规定。司法实践中，由于补偿方案无法达成一致而引发的纠纷比例较高。《物权法》只规定了"适当补偿"的原则。"适当补偿"是否等同于学理上的"合理补偿"？有无具体的数额标准？宅基地使用权收回补偿是否可以借鉴集体土地征收补偿的标准？这些问题都有待解决。在司法救济方面，宅基地使用权收回纠纷是否属于人民法院的受案范围是能否实现司法正义的关键因素，实践中，有关宅基地使用权收回的案件，被法院以"不属于人民法院受理民事诉讼的范围"的理由驳回的例子并不少见。

三、规范宅基地使用权收回制度的对策

（一）明确宅基地使用权收回的主体及其权能

原则上，集体经济组织应该是宅基地使用权收回的唯一主体。根据《土地管理法》的宗旨，将集体经济组织定为宅基地使用权收回的启动主体既落实了集体土地所有权的要求，也符合宅基地的使用性质和生成逻辑。不过，考虑到农村发展的实际情况，应当将村民自治组织作为农村宅基地使用权收回主体的补充。其合理性在于，农村中"集体经济组织"的意思表达机制不明确，它的大多数职能已经被村民自治组织代管，集体经济组织成了"名存实亡"的民事主体。应当强调的是，长期以来，土地的农民集体所有基本落实在村民小组一级，即直接由农民集体组成的自治组织，并非行政村一级的集体组织，其所对应的权利行使代表主体就应为村民小组，而不是村委会。所以，应当厘清其中的利益关系，在立法和司法层面明确村民小组在收回宅基地使用权的主体地位。

（二）完善宅基地使用权收回的实施程序

宅基地使用权收回制度完善的关键是制定一个可以保证权力合理实施的收回程序。宅基地使用权收回程序包括收回决定的做出、听证、审批、公示和注销登记等环节，而且，宅基地使用权的收回程序的设计应当考虑到为不同的收回事由

匹配相适应的程序。

首先，宅基地使用权收回决定的作出。宅基地使用权收回决定的做出关键在于表决程序，根据宅基地使用权收回事由的不同应当设置不同的表决程序，实践中，宅基地使用权收回决定的表决程序的差异主要体现在宅基地使用权是否因公共利益被收回。关于宅基地使用权因集体公共利益被收回的表决程序，法院支持村委会、人民政府等权利主体因集体公益事业收回宅基地使用权的判决意见中，几乎全部的判决书中都强调了收回村民的宅基地使用权的决定符合《中华人民共和国村民委员会组织法》第 24 条、第 25 条的规定，可见，因公益事业收回宅基地使用权的，出于维护公民权利和公平的考量，必须通过村民会议的讨论和民主表决，而且，表决时应当超过三分之二的到会人员通过；同时应赋予当事人要求村委会组织听证的权利，约束权力恣意。同时，我们认为更为重要的是，在立法中明确"公益事业"的内涵与边界，以回应现实中存在的争议。

其次，宅基地使用权收回的其他程序。审批、公示和注销登记也是宅基地使用权收回程序的重要组成部分。审批程序应当明确规定报送部门、报送时间、具体的流程和报批应提交的材料；公示是权力运行公开的基本方式，其程序需要明确公示的主体、时间、范围和方式；现行法规中对注销登记的程序相对完善，只需要注意和其他程序的衔接即可。

（三）明确宅基地使用权收回的法律后果

宅基地收回制度涉及多方主体，启动该程序必然会引发多种权利义务关系的变更，最直接的是消灭了被收回人的宅基地使用权。除此之外，为了利益平衡，还应该赋予被收回人一定的补偿。

1. 明确被收回人获得补偿的权利

被收回人获得补偿的权利应当包括两个方面的内容：一是在什么情形下可以获得补偿，二是以何种标准实施补偿。就补偿情形而言，不同的收回事由是否获得补偿和获得补偿的内容有所区别。

第一，因集体利益被收回宅基地使用权的补偿。《土地管理法》明确了宅基地使用权被收回后可以获得补偿的唯一情形，并且只是原则性地规定了补偿的标准为适当补偿。实践中，因集体需要和公益事业被收回宅基地使用权的村民可以获得宅基地补偿，地上建筑物补偿和安置费等费用。需要强调的是，因为宅基地属于集体所有，所以获得的补偿一般是发给村集体，再由村集体协商具体分配方案。为了更好地维护村民的权益，制定补偿方案时，应当由收回者与被收回者应对宅基地的补偿标准等问题进行谈判、协商，最好由政府和农户选派的代表组成委员会共同确定征收补偿方案。

第二，因违反法律规定收回宅基地使用权后的补偿。违反了《土地管理法》原则性的规定，其法律后果除了被收回宅基地使用权以外，村民还应当自行承担违反法律而产生的被拆除房屋等经济损失。

第三，因丧失集体成员身份收回宅基地使用权的补偿。村民被收回宅基地使用权获得补偿的前提是该村民是本集体经济组织成员，集体成员身份的丧失意味着权利主体已丧失其宅基地使用权，权利既已丧失，就不存在宅基地使用权的补偿对象，只需要补偿宅基地上建筑物的折旧成本。关于补偿标准，目前接受度较高的处理方法是：以宅基地使用权及其上附属物的市场价格为基础，并对搬迁费用和其他合理费用等进行补偿。但是，基于我国土地政策现状，宅基地使用权流转市场尚未形成，价格机制在补偿被收回人时还不具备发挥其高效调配作用的条件。鉴于以上因素，收回宅基地使用权的补偿方式除了考虑货币补偿外，还可以设计实物补偿以及住房补偿等其他备用方案。

2.赋予被收回人重新申请宅基地使用权的权利

宅基地使用权被收回只能导致村民宅基地使用权丧失，不应产生宅基地资格权被剥夺的后果。宅基地使用权的功能是为村民生存生活提供住房保障，基于此，不宜让村民在丧失宅基地使用权的情况下失去重新申请宅基地的权利。在规定宅基地使用权收回的法律后果时，应当充分考虑宅基地"三权分置"的改革精神，实现对村民合法权益的保障。在合法合理的情形下，应当赋予被收回人重新申请宅基地使用权的权利。

第六节　集体经营性土地入市

一、农村集体经营性建设用地入市概述

（一）农村集体经营性建设用地入市概念

农村集体建设用地涵盖范围是农村，即乡镇，其所有者为农村的集体经济组织、村集体。农村集体建设用地的划分范围包含宅基地、公共设施用地（公益性）和经营性建设用地。农村集体经营性建设用地，是指国土空间规划确定为工业、商业等经营性用途，现状为建设用地的农村集体土地。农村集体经营性建设用地入市，是指依照《中华人民共和国土地管理法》第六十三条规定，农民集体以土地所有权人身份通过公开的土地市场，依法将农村集体经营性建设用地使用权以出让、出租等方式交由单位或者个人在一定期限内有偿使用的行为。

（二）集体经营性建设用地入市的制度条件

在过去的很长一段时间内，集体建设用地使用权是完全禁止流转的，在建设用地的一级市场上土地资源的利用也由国家牢牢掌握，但是依照《宪法》第十条第四款，集体建设用地的流转本身就是符合法律规定的。考虑到与上位法的冲突，更是为了改变集体土地无法流转所导致的土地利用效率低下的现状，进而推动城市化进程，国家逐步打开了过于严苛的管控。在新的《土地管理法》中也是第一次以立法的形式，正面回应了集体经营性建设用地出让的问题，为集体经营性建设用地入市打开了口子。第六十三条明确了入市集体土地的条件。主要有三，其一在于集体土地需要满足经营土地性质，其二必须按照土地利用总体规划，城乡规划对于土地性质的认定，其三必须按照程序依法登记。具体为，已完成乡镇国土空间规划或"多规合一"的实用性村庄规划编制；产权明晰，界址清楚，无权属争议，安置补偿落实到位，已依法办理集体土地所有权登记；地块内无建（构）筑物，规划允许保留的除外；地块现状及基础设施配套符合要求，具备开发建设所需水、电、路等基本条件；未被司法机关查封或行政机关限制；满足法律法规规定的其他条件。

（三）集体经营性建设用地入市的制度内容

1.集体经营性建设用地入市的主体

集体经营性建设用地是由集体土地所有人与使用者，签订相应的合同，将集

体建设用地使用权出让、出租等。涉及主要的主体包括集体土地所有权人和集体经营性建设用地使用权人。就实施主体而言，农村集体经济组织可作为主体自行组织实施入市，也可委托其他具有法人资格的组织代理实施入市。入市地块属于村农民集体所有的，由村经济合作社实施入市；属于村内两个以上农村集体经济组织的农民集体所有的，由村内各农村集体经济组织实施入市，尚未取得法人资格的，在自愿基础上，村内各农村集体经济组织可委托所在村（股份）经济合作社实施入市，并就委托事项明确各方权利义务；属于乡镇农民集体所有的，可委托乡镇资产经营公司等乡镇全资公司实施入市。就使用权人来说，中华人民共和国境内外的自然人、法人和其他组织，除法律法规另有规定外，均可依法取得农村集体经营性建设用地使用权，并按照法律法规和合同约定进行开发、利用和经营。

2. 集体经营性建设用地入市的客体范围

新修改的《土地管理法》第六十三条，明确界定了可以"入市"的集体经营性建设用地的范围。主要包括土地利用总体规划、城乡规划确定为经营性用途的集体建设用地。具体来讲，对依法完成集体土地所有权登记、符合国土空间规划和用途管制规则的农村存量集体经营性建设用地，地块现状及基础设施配套符合要求的，可按规定申请入市。

3. 集体经营性建设用地入市最高使用年限

以出让或作价出资（入股）方式入市的，农村集体经营性建设用地使用权最高年限，不得超过国家规定的同类用途国有建设用地使用权出让最高年限。以出租方式入市的，土地出租期限一般不低于 5 年，但最高不超过 20 年，具体出租期限由出租合同约定，到期后确需继续使用土地的可申请续期。

4. 集体经营性建设用地入市产业要求

农村集体经营性建设用地入市应符合各级政府的产业政策和生态环境保护等要求。可利用农村集体经营性建设用地入市建设保障性租赁住房以及养老、教育、科研、医疗卫生、文化体育、工业仓储、采矿用地等项目，但不得用于商品住宅、别墅、公寓、私人会馆等经营性房地产开发。

5. 集体经营性建设用地入市程序

前期工作：入市主体可自行或委托其他机构对拟入市的农村集体经营性建设用地进行拆迁安置、场地平整、基础设施建设等前期工作。同时，委托有资质的土地测绘单位完成拟入市宗地的勘测定界，形成勘测定界报告和宗地图。涉及规划用途变更为居住用地、公共管理与公共服务用地、公园绿地中的社区公园或儿童公园用地的,应当依法在规划变更后按照土壤污染防治有关规定进行土壤污染状况调查。存在污染、文物遗存、矿产压覆、洪涝隐患、地质灾害风险等情况的土地,在按照有关规定由相关单位完成核查、评估和治理之前,不得进入入市程序。

民主决策:农村集体经营性建设用地入市应严格落实村级重大事项"五议两公开"制度。入市主体提出的入市动议、入市方案、委托事项、资金使用、收益分配等应依法在本集体内部履行民主决策程序。农村集体经营性建设用地属乡镇农民集体所有的,入市事项须经乡镇党委会议集体研究决定。入市宗地出让、出租等信息及成交价格、交易费用、税费交纳和收益支出等情况,须及时向集体经济组织全体成员公示、公开。

入市申请:入市地块完成土地前期开发形成"净地"后,入市主体应向所在地自然资源和规划主管部门提出入市申请。入市申请应当包括拟入市宗地位置、面积、规划用途、前期开发情况、地上附着物等基本情况,并附村民成员或代表的表决书和相关会议纪要等相关材料。入市地块所在的乡镇做好相关配合工作。

提出规划设计条件:所在地自然资源和规划主管部门收到入市申请后,对符合国土空间规划和用途管制要求的,依照相关法律法规提出规划设计条件,明确拟入市地块的土地界址、面积、用途和开发强度等,并会同相关部门提出产业准入和生态环境保护要求。

地价评估:入市主体应当委托有资质的土地估价机构对拟入市地块进行地价评估,在所在地自然资源和规划主管部门指导下,结合产业政策、土地市场情况等因素综合确定入市起始价和底价,入市起始价最低不得低于评估价的80%。入市主体可自行委托或交由所在地自然资源和规划主管部门委托有资质的土地评估机构进行地价评估,评估报告须按规定进行备案。

编制入市方案:入市主体应当依据拟入市地块的规划条件、产业准入和生态环境保护要求等,编制入市方案,明确入市宗地位置、面积、权属、土地用途、规划条件、产业准入、生态环境保护、开竣工时间和控制指标、入市方式、使用年限、入市价格、款项支付方式、收益分配等要求。入市方案可委托所在地自然资源和规划主管部门编制。

入市方案表决:入市方案须经本集体经济组织成员的村民(代表)会议民主决策确定,形成入市决议,并按规定进行公示、公开无异后,作为后续申请入市、拟订合同和三方监管协议的依据。入市地块属于村农村集体所有的或属于村内两个以上农村集体经济组织的农民集体所有的,入市方案需经本集体经济组织成员的村民会议三分之二以上成员或者三分之二以上村民代表同意；属于乡镇农民集体所有的，入市事项须经乡镇党委会议集体研究决定。

入市核准：入市主体根据入市方案等形成书面材料后，报所在地人民政府。所在地人民政府组织自然资源和规划主管部门牵头，会同发展改革、生态环境、农业农村、住建、财政、经信等部门，按照相关法规政策规定，对拟入市宗地是否履行民主决策程序，是否符合国土空间规划和用途管制，是否符合规划条件、产业准入和生态环境保护要求，是否符合收益分配原则等内容进行核准，并提出修改意见。入市主体应当按照所在地人民政府的意见进行修改；所在地人民政府核准后出具入市核准书。

公开交易：农村集体经营性建设用地使用权入市方式、程序、规则，采用与国有建设用地相同的方式进行，并纳入省级统一的建设用地使用权交易管理平台，参照国有建设用地使用权出让网上交易规则进行。入市主体应在取得所在地人民政府出具的入市核准书后，委托所在地自然资源和规划主管部门通过省级自然资源网上交易系统、土地有形市场等发布交易公告，实行公开交易。采用招标、拍卖、挂牌方式入市且需设置底价的，入市主体可邀请相关专家和成员代表等组成议价小组（不少于 5 人），于交易活动开始前 30 分钟内议定底价，并在交易活动结束前保密。农村集体经营性建设用地使用权入市交易完成后，由受委托的所在地自然资源和规划主管部门、出让人与竞得人签订成交确认书。土地成交后，交易结果除参照国有建设用地使用权出让的相关规定公示外，还应当按照农村集体资产管理的有关要求进行公示、公开，接受社会和群众监督。

签订合同和监管协议：土地交易结束之日起 20 个工作日内，出让人和竞得人应当按照成交确认书的约定签订集体经营性建设用地使用权出让合同。合同须载明土地所有权人、土地使用权人，土地界址、面积、土地用途、规划条件、使用期限、交易价款支付、交地时间和开竣工期限、产业准入和生态环境保护要求，约定提前收回的条件、补偿方式、土地使用权期限届满续期和地上建筑物、构筑物等附着物处理方式，以及违约责任和解决争议的办法等。受让人应当在合同签订后 5 个工作日内，将合同报所在地自然资源和规划主管部门备案。未依法将规划条件、产业准入和生态环境保护要求纳入合同的，合同无效；造成损失的，依法承担民事责任。在合同签订后，受让人可向所在地自然资源和规划主管部门领取相关规划许可证，依法办理开发建设需要的其他事项。出让人、受让人、所在地人民政府在农村集体经营性建设用地使用权出让合同基础上，依据出让方案签订集体经营性建设用地使用权出让监管协议。交易双方应当使用自然资源部、国家市场监管总局制定的示范合同和三方监管协议。

不动产登记：受让人按合同约定付清宗地全部出让价款后，持合同、合同备案文件、出让价款交纳凭证、土地增值收益调节金缴纳凭证、完税证明等相关材料，依法申请办理集体建设用地使用权登记。依法利用农村集体经营性建设用地建造建筑物、构筑物的，可申请集体建设用地使用权及地上建筑物、构筑物所有权登记。农村集体经营性建设用地入市后原则上应当以宗地为单位整体登记，不得擅自改变用途或分割转让转租，出让合同另有约定的除外。

二级市场：通过出让等方式取得的农村集体经营性建设用地使用权可以依法转让、出租、赠予或者抵押，双方应当签订书面合同，并书面通知出让人和区自然资源和规划主管部门。具体参照同类用途的国有建设用地使用权有关规定执行，法律法规另有规定或者合同另有约定的除外。农村集体经营性建设用地使用权出租或转租的，不得违反法律法规和合同的相关约定。

收益管理：出让或转让、转租农村集体经营性建设用地使用权、地上建筑物及其附着物的，入市主体或使用权人应向政府缴纳土地增值收益调节金，并按现行税收规定履行纳税义务。农村集体经营性建设用地入市土地增值收益调节金的征收、入库、使用管理按照财政部门有关规定执行。农民集体获得的农村集体经营性建设用地入市收益的内部使用按照农业农村部门有关规定执行。

抵押融资：以出让等方式入市的农村集体经营性建设用地使用权，可以设立抵押权。银行业金融机构、企业、自然人可作为抵押权人申请以农村集体经营性建设用地使用权办理不动产抵押相关手续，并签订抵押合同，办理抵押登记。在抵押权存续期间，如国家依法征收该宗土地，抵押人应当以所得补偿费用优先偿还抵押权人债务。贷款到期后抵押人未清偿债务或出现约定的实现抵押权的情形，抵押权人对该宗土地使用权有优先处置和受偿权。

（四）集体经营性建设用地入市实践

2015年以来，在中央统一部署下，33个试点区域着手推进集体经营性建设用地入市实践。至2018年底，33个试点地区通过出让、出租等方式实现集体经营性建设用地入市面积9万余亩，总价款约257亿元，收取调节金28.6亿元；办理集体经营性建设用地抵押贷款共计228宗、38.6亿元。从整体试点实践来看，主要呈现出以下特点：

1. 入市主体多元化

在试点改革中，以各种新形式的集体经济组织为入市主体，所形成的主体多元化是改革试点的主要特点之一。在诸多试点区域中，入市主体除传统的村民委员会、村民小组以外，还包括以集体资产管理公司、村民议事会、股份经济合作社、农业合作社等多种新型集体经济组织形式。例如，浙江省推进"三权分置"改革时，在资产股份量化的同时，成立具有法人资格可独立担责的合作组织作为入市主体；四川省则将入市主体确定为由集体经济组织设立的公司或经济合作社。在多种入市主体共同促进下，集体经营性建设用地入市能够最大程度地保障市场导向与土地收益。

2. 入市方式的类型化

综合各个试点区域的实践，入市方式可以类型化为直接入市、调整入市以及综合治理入市三种模式。就地直接入市与配置调整入市最大的不同在于，前者地块无需经由产权调整即可上市交易，而后者则在充分保障集体土地权利的前提下，通过行政部门的协助，将处于分散、零碎状态的农村集体经营性建设用地进行置换整合。整治入市则更像是农村土地征收后的一种配套与补充。从当下的数据情况来看，就地入市占据绝大多数入市比例，其他方式较为少见。

3. 土地用途的单一化

将农村集体土地同于非农建设是集体经营性建设用地入市的实质，不同类型的非农建设用途直接影响了集体经营性建设用地的价值。就目前来看，试点地区入市土地面积的92%以上作为工业仓储用地，商服用地占总用地面积的3%左右，住宅及其他用地占总体入市土地面积的5%。

4. 入市方式的一元化

相关试点文件中明确指出，可以探索通过出让、出租、入股等多种形式实现集体经营性建设用地入市。但在具体实践中，出租成为最为主要的入市方式，入市宗地中通过租赁、出让、作价出资实现入市的比例分别占86%、13%、1%。

5. 入市数量的不平衡

从全国试点情况来看，东部地区进展较快，西部地区次之，中部地区最慢。其中入市宗地数量，东部、西部、中部分别占全国总数量的94%、4%、2%；入市宗地面积，东部、西部、中部则分别占全国总面积的85%、9%、6%。

6. 收益分配的差异化

在试点实践中，受土地区位、入市方式、入市用途等因素的影响，各个试点区域所征收增值收益调节金在征收基数、征收比例以及集体收益内部分配等方面均存在一定差异。首先，就征收基数的确定方式而言，在试点实践中主要有以交易总价款为征收基底和以土地增值净收益为征收基底的两种方式。总体看，实践中按照土地净增值收益为征收基底的比例更高。其次，就征收比例而言，有些地区根据不同入市方式收取不同比例的增值收益调节金，例如：辽宁海城市县域规划区采取"招、拍、挂"的形式出让入市的集体经营性建设用地，调节金按增值收益的 30% 征收；而采取租赁方式入市的集体经营性建设用地，调节金则按增值收益的 10% 征收。有些地区不同区域在征收增值收益调节金的比例也有一定差异，但总体而言其征收比例均处于试点文件中指明的 20% ~ 50% 之间。最后，在集体组织与内部成员分配比例上，各个不同区域间也呈现出一定的差异，例如：山西泽州和重庆大足规定集体和个人分配比例为 3 ：7；广东佛山规定集体和成员分配比例为 3 ：7 至 3.5 ：6.5 之间，其中成员部分则按股份比例进行再分配。

　　总体而言，33 个试点区域取得了显著成效，相关试点成果也在《土地管理法》修改的过程中被采纳。但实践中也暴露出地方差异性较大、入市主体和入市范围不明确等一系列问题，全国人大常委会两次决定延期试点授权，党和国家政策在《土地管理法》修改实施仍然强调积极探索实施集体经营性建设用地入市制度以及《土地管理法》中保留的大范围授权性条款，足以说明集体经营性建设用地入市改革仍需在实践中不断深化。2023 年，自然资源部办公厅印发《深化农村集体经营性建设用地入市试点工作方案》，再次启动探索实践。

第四章

宅基地有偿退出

第一节　农村宅基地退出

随着我国城镇化率的不断提高，农村人口大量外迁，为城市提供了大量的劳动力，但同时农村"空心化"现象日益凸显。农村人口的流失使土地资源闲置与紧约束并存的问题不断加剧，宅基地闲置荒废所带来的土地低效利用问题对农村发展造成了不利影响。党的十九大报告提出实施乡村振兴战略，并强调要坚持农业农村优先发展，解决当前城乡发展不平衡、农村发展不充分的问题。因此，各地政府需要从土地、资金等多方面入手采取措施，以实现发展目标。由于我国对农业用地实行严格的保护政策，因此低效利用的宅基地成了农村土地制度改革的首要目标。宅基地制度改革的主要目标之一即为探索农村宅基地自愿有偿退出机制。2019 年《中华人民共和国土地管理法》第六十二条第六款规定："国家允许进城落户的农村村民依法自愿有偿退出宅基地，鼓励农村集体经济组织及其成员盘活利用闲置宅基地和闲置住宅。"

一、农村宅基地退出的必要性

宅基地退出是合理利用土地的客观需要，也是宅基地制度自身完善的内在需求，对于克服市场失灵，增加农民的财产性收入，发现土地价值，为宅基地的资产资本化提供产权通道有着重要意义。

1. 克服市场失灵

土地是农业的重要生产要素，土地的作用不仅是维持生计，而且可以从中获得财富。在农地经济重要性下降的同时，土地被作为资本，创造剩余价值。土地所有权配置方式决定了农业融资能力，完善的土地所有权交易市场可以实现土地所有权的转移，实现土地使用的高效率。竞争充分的土地市场可以激励经济代理人进行有效的土地产权让渡，土地产权制度是对土地投资诱导制度变化的反映。在土地市场运行实践中，市场不完善所导致的结果使得政策制定者倾向于限制土地市场的发展，但这种限制是低效率的和不公平的。我国宅基地退出市场由于垄断、市场体系不完善、外部效应以及存在的严重的信息不完全与信息不对称，造成了市场失灵。通过宅基地的有偿退出，可以克服市场失灵，发现土地价值。

2. 提高土地利用效率

《物权法》规定了宅基地使用权人对集体所有的土地享有占有和使用该土地建造住宅及其附属设施的权利。作为国家在农村实行的延续数十年的行之有效的保障性政策，我国现行农村宅基地制度是计划经济时代基于传统福利模式的产物，对于维护农民的基本居住权利、保障农村经济社会的稳定发展发挥了重要的作用。但在中国当前城乡格局发生巨大变化的背景下，现行的宅基地制度的弊端就日益凸显。基于成员权的限制，制度约束不仅禁止向集体经济组织以外的成员流转宅基地，即便在集体组织内部也缺失有效的宅基地退出机制。宅基地利用效率低、单户面积超标严重、宅基地闲置、一户多宅、"空心村"等问题较为普遍。由于宅基地置换、复垦、整理等政策不完善，导致宅基地使用的不确定性增大，有效的宅基地退出平台尚未建立。

二、农村宅基地退出实践

从 2015 年起，在全国 33 个地区，国家先后开展农村土地征收、集体经营性建设用地、宅基地制度"三块地"第一批改革试点工作。后又从 2020 年起，逐步对试点地区进行扩容，在 3 个地级市和 104 个县（市、区）开展第二批农村宅基地制度改革试点。各地积极探索农村宅基地"三权分置"有效实现途径，积累实践经验，逐渐形成了一批制度性成果。

1. 平罗县宅基地退出实践

从 2011 年 12 月开始，宁夏平罗县开始农村土地经营管理制度改革工作，在对集体土地退出及补偿方面，出台了关于农民宅基地、房屋、承包地等资产自愿永久退出收储与自愿有偿退出、闲置宅基地处置，宅基地有偿使用等方面的管理办法，对农村集体土地退出条件、补偿、保障等方面做出了较为完备的制度性安排，在对集体土地退出的农民保障方面，除了为农民提供城乡居民养老保险和医疗保险之外，还施行"以地养老"政策，为退出集体土地的老人提供养老院服务，形成了以"土地收储＋以地养老"为主要特色的宅基地退出模式。

2. 余江县宅基地退出实践

从 2015 年 3 月开始，江西余江县开展宅基地试点工作，出台了 22 项关于农村宅基地有偿使用、流转和退出等管理制度和 18 项村民民主管理宅基地实施办法，对自愿退出宅基地和农房的农户予以货币补偿，对于具有宅基地资格权而未取得宅基地使用权的村民进城居住的，可购买政府提供的优惠商品房或优先租住城市保障房，形成了以"货币补偿＋住房优惠"为主要特色的宅基地退出模式。

3. 义乌市宅基地退出实践

从 2014 年 12 月起，浙江义乌市开展宅基地改革。出台推进农村宅基地制度改革试点工作纲领性文件，同步出台包含了宅基地的自愿退出、取得置换、有偿使用、入市转让等 7 个方面的配套制度和城乡新社区集聚建设、"集地券"等 9 个操作性细则，形成了"1+7+9"的宅基地改革制度体系。对于自愿退出宅基地的农户，可以将宅基地置换为高层公寓、商业性用房和货币等，实现村民向市民、村庄向社区"两个"转变。退回的宅基地或各种复耕为耕地的土地，通过实施"集地券"制度，折算为建设用地指标，通过统一市场进行交易，促进了村集体组织和农民增收。

4. 嵊泗县宅基地退出实践

在 2020 年初，舟山市正式启动了渔农村宅基地"三权分置"改革及闲置农房盘活利用工作，出台了改革指导意见，宅基地使用经营权登记发证、闲置农房盘活利用示范区评定标准等"1+4"闲置宅基地和闲置农房盘活利用等政策文件，对闲置农房盘活目标任务、工作推进机制、闲置农房改造建设规程、宅基地经营使用权证登记颁证及抵押贷款流程、示范区创建等作出了明确的规定。2021 年，在嵊泗县开展宅基地有偿退出试点工作，72 余幢闲置宅基地使用权整体退回给村集体。农户户均获得数十万元左右的补偿款，村集体对退回的宅基地进行重新盘活，开展休闲旅游项目开发，项目建成后，村集体经济收入增长有较大的飞跃。

三、农村宅基地退出的经济学意义

宅基地退出有着巨大的现实意义和深刻的经济学意义，退地可以实现诱致性制度变迁，提升资源配置效率，提升土地价值，改善农民福利，推动农业转移人口市民化。

1. 实现诱致性制度变迁

经济增长带来制度性服务供求变化，因而会产生新的制度并以此为发端捕捉在新制度下的获利机会，社会发展必然会带来制度变迁。制度变迁有强制性和诱制性两种。诱制性制度变迁是自下而上的，是经济主体为争取获利机会而自发实施的对现行制度安排的变更或替代；强制性制度变迁是自上而下的，由政府命令和法律引入和实行的。宅基地退出制度作为一种新制度的产生也适合应用制度分析的方法。宅基地退出政策主要是强制性的制度变迁，要产生诱致性制度变迁，就需要制度变迁存在潜在收益，以激励表征微观经济主体的农民产生内在的制度需要，从而主动去进行宅基地的退出。

2. 提升资源配置效率

对宅基地流转与退出机制的限制，将造成房地不协调、资源浪费和土地成本的大幅攀升，出于经济学分析，实现资源的合理配置需要实现资源在自由流转的模式下形成其价值。经济发展的决定因素不在于人力资源、资金、自然资源，而源于组织制度本身。从资源配置的角度看，农村宅基地的资本化能有效减少因"空心村""空心户"现象的存在而造成的宅基地闲置状况，从而提高农村宅基地的利用效率，促进土地的价值实现。

3. 提升土地价值

土地价值是在土地资本价值与土地自然价值的有机统一运行中生成的。通过农村宅基地的资本化，将固化的农村宅基地转化为流动性较强的资产，提升土地价值。农村宅基地价值的高低取决于城市经济发展的辐射力，与宅基地退出群体的意愿正相关。农村宅基地资本化的过程降低了农村劳动力的流动压力，将大量的农村剩余劳动力从土地上解放出来，发掘了闲置土地资源的价值，增加了农民的就业机会，促进了农民总体福利的改善。

4. 推动农业转移

以农业转移人口市民化为核心内容的新型城镇化是我国社会经济发展的必由之路，是不可逾越的重要历史发展阶段，其最终目标是实现城乡一体化，而城乡分割的二元土地制度是影响城乡发展最关键的制约因素。通过转移农村人口，实现土地规模收益，更好地发挥人力资本优势，使得城乡要素配置均衡。农业转移人口市民化目标是使进城农民获得城镇永久居住的身份、平等享受各项社会福利与权利，成为城镇居民并完全融入城市。退地的收益可以让农民实现身份的转变，享受城市化的利好，拥有实实在在的获得感。

第二节　农村宅基地自愿有偿退出的影响因素及对策

一、农村宅基地自愿有偿退出的影响因素

根据影响因素的类型可以将宅基地退出意愿影响因素分为外部因素和内在因素两大类。其中，外部因素主要是从宅基地制度环境、地方政府宅基地政策、农村社会经济状况、自然条件等方面影响农户宅基地退出行为；内在因素主要是从农户的自身特征条件、家庭基本情况和宅基地特征情况出发，对农户退出宅基地行为的影响因素进行分析。在现有的影响因素实证研究文献中，主要外部因素代表有经济发展状况、行政管理力度、社会因素等。主要内在因素代表有性别、年龄、文化程度、职业类型、家庭人口结构状况、家庭经济收入、房屋建筑面积、年代、结构、宅基地数量等。

（一）制度政策因素

城乡二元的土地制度构架是农村宅基地退出的基本约束，不同的制度政策对宅基地退出意愿的影响不同。其中，土地征收制度与城乡建设用地增减挂钩政策在一定程度上促进了农村宅基地的退出。政府通过土地复垦整理、村庄规划以及城中村改造等以置换城市建设用地指标，并对失地农民进行合理的、多元化的征地补偿。强制性的征地手段以及合理的征地补偿推动着农民宅基地的退出。相反，农村宅基地监管制度不完善造成农村宅基地隐性市场逐渐成长起来，扭曲了宅基地退出补偿价格，严重打击了农民宅基地退出的积极性。此外，宅基地登记制度不完善在一定程度上增加了宅基地退出的交易成本，影响了农村宅基地的退出。

除了土地制度对宅基地退出意愿造成影响外，其他的政策制度对农村宅基地退出意愿也会带来影响，如城乡二元户籍制度以及社会保障体系等。农民进城落户的住房保障制度不健全，宅基地退出后的城市高房价严重阻碍了农户宅基地的退出。粘附于户籍制度上的城乡养老医疗保障的双轨制对农户宅基地退出决策有负向影响。农村的养老医疗保险在城镇无法使用，而一般农户无法承担城市高昂的养老医疗成本，严重影响了宅基地退出。总之，城乡社会保障制度的双轨制一定程度上阻碍了农村宅基地的退出。

（二）地区经济因素

地区经济发展水平一定程度上反映了地区产业情况，根据刘易斯二元经济理论，农村是由低报酬的农业向较高报酬的工业发展，经济发展水平越高，地区二三产业越发达。土地、劳动力和资本等由农业向二三产业转移，作为农村集体建设用地的宅基地流转向二三产业，促使农民宅基地退出。同时，经济水平的提高使得人们生活质量提高，对居住环境、生活环境、交通便捷程度以及基础设施建设水平的要求也会随之提高。农民不再满足于以前的农村居住环境、生活质量，对城市居住条件、生活水平以及完善的基础设施较为向往，促使农户宅基地的退出。一般来说，经济较为发达的地区的农村宅基地退出意愿比贫困地区宅基地退出意愿高。一是因为经济发达地区农户家庭经济水平能够承担其在城市生活的成本，并可享受资源配置良好的教育、医疗、基础设施等基础条件；而贫困地区农户家庭难以承担得起城市的生活成本。二是经济较为发达地区农民的思想觉悟高、受教育程度高，对政策认知和了解能力强，能够积极响应政府决策，能够配合政府征拆工作，积极退出农村宅基地；而贫困地区农民恋土情结严重，对农地依赖性大，"叶落归根"等思想更为传统守旧，农村习惯风俗意识强烈，宅基地退出意愿较低。三是经济发展水平较好地区城市建设用地需求更为迫切，城市建设用地指标更为紧张，人地矛盾更为尖锐；政府对农地征地以及城乡建设用地指标交换的愿望更为迫切，所以，政府推动农村宅基地退出的积极性也更为强烈。总而言之，地区经济发展水平限制着农村宅基地的退出，地区经济水平越高，宅基地退出意愿越高。

（三）区位地理环境

根据杜能的农业区位论，农业收益随着距城市距离的远近发生变化，交通条件的便利使得近城区收益高于远离城市地区的收益，因此土地的价值也随着距离城市的远近而变化着。杜能研究的虽然是农业区位，但对于建设用地也同样适用，因近郊农村条件优越性，城市郊区农村土地价值高于偏远农村土地价值。对于宅基地退出来说，自然地理条件也是宅基地退出的重要影响因素。近郊区农村宅基地退出意愿高于远郊区农村宅基地退出意愿，主要有两方面的原因：一是来源于政府的推动力。近郊农村由于地理位置接近城市，有利于城市进一步的扩张和发展，政府倾向于促进近郊农村宅基地的退出。二是来源于农户本身的驱动力。近郊农户更倾向于进城谋求更多发展机会和平台，对于农村依赖性较弱，而且近郊土地价值高，宅基地退出补偿水平高，巨大的利益驱动着农户宅基地退出。

除了区位因素，农村宅基地所在地理环境对宅基地退出也有重大影响。一般来说平原地区较山区宅基地退出意愿较强，中国中东部农村地区宅基地退出意愿比西北地区农村宅基地退出意愿强烈。山区农村农民退出宅基地定居城市的阻碍力较平原地区大、农民城市就业机会少，获得非农收益的机会也很少，宅基地退出后的成本以及风险大，宅基地退出福利损失较大，被弥补的可能性较小，宅基地退出意愿较低。而平原地区相对与山区来说，宅基地退出意愿较高。

（四）个人特征因素

农户是宅基地退出决策主要研究对象，其个体及其家庭特征之间的差异是宅基地退出意愿的主要影响因素。本节所研究的家庭决策制定者个人特征因素包括被调查者性别、年龄、受教育程度等基本情况。一般来说，女性是风险厌恶者，喜欢安于现状，不愿冒险。而宅基地退出后不确定因素较多，风险较大，女性相对于男性来说更不愿意退出宅基地。年龄对宅基地退出意愿的影响主要体现在思想观念上，不同年龄段对宅基地的认识不同，高龄农户更倾向于传统的宅基地观念，即宅基地不仅是身份、荣誉，还是一种"根"，宅基地退出被看做是"忘本"的表现。此外，老人"念旧"、害怕孤独寂寞也是其不愿退出宅基地的原因。受教育程度高的农户对政策制度的认可和了解程度较好，获取相关决策的信息的渠道较多，更倾向于响应政府政策，配合政府工作，决策结果更理性化。

（五）家庭特征因素

家庭是社会发展的基本构成单元，家庭整体成员特征构成的小团体是农村宅基地退出的利益相关体，不同的家庭人口结构、收入情况以及家庭承包地退出意愿对于宅基地退出的影响也不相同。家庭人员构结构对于宅基地退出决策的退出成本、家庭发展方向、子女教育等方面影响退出决策的费用收益分析。家庭抚养人数越多，非农收入人数越少，宅基地退出意愿越低。家庭年总收入以及家庭承包地处置方式对宅基地退出决策有限制作用，收入水平低、承包地退出意愿弱都会造成农户不愿退出农村宅基地。

（六）宅基地功能因素

宅基地功能因素是宅基地退出决策首要考虑的要素。宅基地的退出意味着功能的丧失。随宅基地退出而丧失的功能对于不同农户而言影响是不同的，发挥同一功能的载体可以不同，功能载体的替代是宅基地退出的必要条件。而对于不同农户而言，同一功能的功能载体不止一个，宅基地这一载体的丧失不代表其功能的完全消灭，功能载体的替换使得宅基地对于不同农户而言重要性不同，退出意愿也会随之变化。

宅基地提供农户居住功能，但其他容身之所也能够满足农户居住需要。拥有二套住宅的农户，宅基地居住率、利用率低，宅基地居住功能弱化，退出意愿较强。宅基地资产功能越强，功能替代的可能性越小，功能载体替代越难，宅基地退出意愿越低。同样的，宅基地的社会保障功能如住房保障功能不仅宅基地具有，城镇住房也同样可提供给农户住房保障功能，而相比于没有城镇住房的农户而言，宅基地的住房保障功能显然没那么重要。对宅基地就业保障功能的依赖越小，说明就业保障功能的替代性越强，退出意愿越高。宅基地伦理功能是宅基地所特有的，功能替代的难度更大，越是依赖于宅基地伦理功能的农户宅基地退出意愿越低。

宅基地功能是农户退出宅基地的主要阻碍力量，宅基地对农户发挥的功能作用越强，宅基地退出意愿越低。宅基地居住功能、资产功能、社保功能以及伦理功能保障将农民与农村农业捆绑在一起，只有弱化宅基地功能，增强宅基地功能的载体替代性，才能促使农户宅基地的退出。

1. 宅基地居住功能对退出意愿的影响分析

宅基地制度是基于"居者有其屋"理念而设计的，是为了保障农民生存居住权而提供的日常生产生活的场所。居住功能是宅基地最基本的功能，为农民提供安身立命之所，是农民生存发展的基础。宅基地居住功能是宅基地的使用价值，宅基地利用率越高、建筑面积越大、房屋结构越好，宅基地居住满意度和舒适度越强，宅基地使用价值越强，存在功能载体替代的可能性越小，农户宅基地退出意愿越低。反之，宅基地居住利用率越低、建筑面积越小、房屋结构越差，宅基地居住满意和舒适度越差，宅基地使用价值越小，农户存在别的居住场所的可能性越大，宅基地居住功能被替代的可能性越大，宅基地退出意愿越高。

2. 宅基地资产功能对退出意愿的影响分析

《物权法》将宅基地使用权以法律行使定性为用益物权，用益物权具有占有、使用、收益和处分四项权能，其中收益和处分权是一种财产权，宅基地使用权的财产属性得到法律的认可和保障。本节将宅基地使用权的这种财产功能称为资产功能，是宅基地作为财产保值增值的一种属性。宅基地资产功能越强，其交换价值越大，流转带来的财产收益越多。限于当前宅基地流转的禁止政策，宅基地资产功能无法得以释放。农户对宅基地资产功能认知越强，资产期望值越大，与当前宅基地资产价值差距越大，宅基地退出意愿越低。反之，宅基地资产价值期望越低，与当前的宅基地资产价值差距越小，宅基地退出意愿越高。

3. 宅基地社保功能对退出意愿的影响分析

基于集体成员身份取得的"无偿、无限期性"的农村宅基地本质上是一种国家福利和社会保障，具有福利和社会保障功能。目前，由于城乡社会保障的二元体制以及农村社会保障制度不健全，农民无论是在城市还是在农村都无法享受较好的社会保障服务。农村土地依然承载着农民住房、就业、养老等社会保障功能。叶剑平等认为，农村宅基地使用权的实质是保障农民"居者有其屋"，宅基地制度设计理念是为了保障农户居住权。宅基地的退出意味着宅基地居住功能的丧失，失去居住保障的退地风险是风险规避型的农户所厌恶的，故而影响宅基地退出决策。王勇认为，土地不可能分散农民面临的生产和生存风险，只是作为生产资料为农民提供就业机会，发挥就业保障功能。姚洋把农村土地制度的平均分配机制称为"嵌入式社会保障制度"，认为土地均分对老年人来说是一种有效的养老保险工具。总之，宅基地的住房保障、就业保障以及养老保障等社会保障功能对于社会保障制度不健全的农村来说是至关重要的，建立完善的城乡住房保障制度、就业培训体系和养老保障措施能够促使农户退出农村宅基地，腾退农村集体建设用地。

4. 宅基地伦理功能对退出意愿的影响分析

中国所特有的城乡二元体系造成了城乡之间经济、社会、文化等的差异，中国农村的村庄文化与城市文化差异较大。根据个人偏好，村庄文化偏爱者在农村大有人在，这些人即使已经具备了宅基地退出的经济基础和退出条件，但仍不愿意定居城市，喜欢农村的生活环境和氛围。另外，宅基地伦理功能还表现为农户对农村的情感寄托、对宅基地"情感般"的守护。本节将宅基地从文化与情感上吸引农户的能力称为宅基地伦理功能，农户对宅基地的这种主观精神上的潜在需求成为宅基地退出的困难点，是闲置宅基地退出的难题。

二、增强农户宅基地退出意愿的对策

（一）构建合理补偿机制

鼓励农户自愿退出一是要不断优化农村宅基地退出的环节与流程，让农户在办理退出手续时"少走路"，尽量实现"一次性退出，一站式办结"。二是要建立科学的宅基地评估制度，可在政府主导下适度引入第三方权威评估机构，对拟自愿退出农户的宅基地进行科学评估，并将评估结果交由农户确认。三是要确定合理的补偿标准，按照不低于区域内农村集体土地征收的相关补偿标准来给予补偿，且其补偿价值范畴不仅包括宅基地本身，也应对宅基地上房屋及附属设施的价值进行足额补偿。四是要健全农村宅基地监管制度，对农村违规建房、违法占地等行为加大打击处罚力度，为宅基地的退出营造良好的环境。

（二）加强政策宣传，提高农户对政策的认知

地区政府要进一步加大对农户进行有关宅基地退出政策的宣传力度，提高农户对政策的认知度，从而提高他们的宅基地退出意愿。一方面，政府部门的工作人员可通过召开村民大会进行集中的政策宣讲，扩大政策的知晓面。另一方面，可以通过农村社区教育平台，聘请有关的专家、学者，为农户深入解读这些政策，提高政策的可执行性。此外，还可以联合地区高校，组织青年学生开展入户宣传，让农户对这些政策"心中有数"。

（三）出台优惠政策，降低农民进城安家成本

针对自愿选择退出农村宅基地的农户，政府应当出台相应的优惠政策，以降低农民在城镇安家的成本，使他们"退有所居，居有所产"。一是出台宅基地退出农户城镇购房补贴制度，即对于自愿退出农村宅基地的农户，在其选择到城镇购房时，由地区财政给其一定的购房补贴，或者免除契税、下调贷款利息等。二是出台房产置换安置制度，即由政府在城镇集中建设一批房产，专门用于宅基地退出农户的房产置换安置，农户只需要按照房屋建造成本补交一定的差价即可。

（四）创造就业机会，增加农户家庭收入

一是要面向宅基地退出农户开展相关专业技能培训，提高他们的就业创业能力。同时，鼓励他们参加人社部门组织的有关技工证书考试，对通过考试取得相关证书者，给予一定的技能补贴。二是政府可以组织当地的企业面向宅基地退出农户开展专场招聘会，为他们带来更多的就业机会，帮助他们解决进城务工的难题，使他们在城镇能够有稳定的收入。三是参照城市居民失业补贴制度，由财政下拨专项资金，对在一定时期内未能在城镇落实就业岗位的农户，给予相应的失业补贴或就业补助。

第三节 农村宅基地退出补偿

一、宅基地退出补偿政策的现状和不足

（一）宅基地退出补偿的要求

城乡建设用地增减挂钩是当前地方政府推进宅基地退出所采用的主要政策工具。2007 年原国土资源部《关于进一步规范城乡建设用地增减挂钩试点工作的通知》提出，"增减挂钩"项目要保障被拆迁农民得到足额补偿并妥善安置，切实提高被拆迁农民的生活水平，保障其长远生计。以国家层级政策文件为导向，地方制定了相关政策以指导和规范当地的宅基地退出实践，如天津市 2009 年颁布的《天津市以宅基地换房建设小城镇管理办法》规定，宅基地换房要"坚持土地承包责任制不变、可耕种土地不减、尊重村民意愿、维护农村集体经济组织和村民合法权益的原则"；安徽省金寨县 2016 年制定的《农村宅基地自愿退出奖励扶持办法（试行）》提出，农村宅基地退出要充分尊重农民意愿，并对退出人给予合理的补偿或补助；辽宁省海城市出台的《海城市农村宅基地有偿退出房屋补偿安置暂行办法》规定，宅基地退出补偿要切实保障农民的合法权益，增加农民和集体经济组织的收益，促进农村经济健康协调发展。通过以上分析发现，国家层面出台的要求宅基地退出补偿的政策文件应切实维护农民合法权益，保障农民长远生计，但地方在实践操作中对尊重农民意愿、合理补偿较为重视，但对农民长远生计考虑不足。

（二）宅基地退出补偿的范围

准确地界定宅基地退出补偿范围是制定科学合理的补偿政策的基本前提。《土地管理法》规定，农村集体经济组织在特定条件下确实需要使用土地的，如乡（镇）村公共设施和公益事业建设需要，可在对使用权人给予适当补偿后，收回土地使用权；对于违反批准用途利用土地，或因撤销、迁移等原因明确不再使用的土地，集体经济组织可以无偿收回土地使用权。

在这个原则下，各地对宅基地退出补偿的范围做出了规定，如《海城市农村宅基地有偿使用、流转、退出暂时办法》规定，闲置废弃的畜禽舍、倒塌的住房、宅基地闲置两年以上、影响村内道路及公共设施建设的院套等建筑物或构筑物必

须拆除，将宅基地无偿归还集体；安徽省金寨县《金寨县农村宅基地自愿退出奖励扶持办法》规定，宅基地退出补偿范围包括颁发了农村集体土地使用权证或有其他合法来源手续的、符合"一户一宅"条件的、因继承或经依法批准的其他方式占有和使用宅基地的、进入城镇落户自愿全部退出宅基地的以及其他经集体经济组织或村民事务理事会认定的情况。此外，对于因历史原因形成的"一户多宅"占用宅基地，多数地区鼓励通过分户或在本集体经济组织内部符合建房条件的人员中流转的形式解决，少数地区要求农户无偿退出。通过以上分析发现，各地对于宅基地退出补偿的范围不统一，对于历史原因形成的符合规划的"一户多宅"的退出设置了不同程度的限制，甚至要求无偿退出，损害了农民合法的土地及财产权益。

（三）宅基地退出补偿的内容

补偿内容的确定是检验宅基地退出补偿政策是否完善的重要方面。从国家和地方的政策文件来看，国家征收和置换所形成的宅基地退出在补偿内容上存在较大差异。国家征收土地的补偿相对完善，在2019年修正的《土地管理法》中规定，征收土地补偿内容不仅包括土地补偿费、农村村民住宅及其他地上附着物、青苗等的补偿费用，而且包括安置补助费，此外要求对被征地农民提供社会保障费用。在此基础上，各地对被征收宅基地退出的补偿内容做出了安排，如广州花都区制定的《花都区农民集体所有土地上房屋征收安置补偿办法》中，补偿内容除房屋安置和房屋征收补偿费外，还包括搬迁补贴、临时过渡用房补贴及小学生交通补贴。而宅基地置换退出宅基地的过程中，补偿内容相对较少，如浙江诸暨颁布的《关于推进农村宅基地置换、鼓励农民进城镇居住的若干意见（试行）》规定，退出宅基地的补偿内容仅为成本价购买保障性住房和宅基地补偿费；浙江义乌的《义乌市"宅基地换住房、异地奔小康"工程实施办法》规定，退出补偿内容为安置水平房、拆除旧房残值补偿费和补助费。由此可见，各地对因国家征收而退出宅基地的补偿内容较为全面，而宅基地置换退出的整体补偿内容较少，农民退出宅基地后长远保障存在不足。

（四）宅基地退出补偿的标准

基于何种标准进行补偿是衡量宅基地退出补偿政策合理与否的关键。各地在宅基地退出实践中，主要以货币安置、住房安置、重建安置的形式对退出宅基地的农户进行补偿。货币安置的补偿标准大多根据退出宅基地或房屋的面积、区位和重置成本等因素确定，如《余江县农村宅基地有偿使用、流转和退出暂行办法》

规定，对自愿有偿退出的建筑物和构筑物，住房按建筑面积给予 20~150 元 /m² 的补偿，厨房和厕所等辅助用房、畜禽舍、柴火间等按占地面积给予 10~30 元 /m² 的补偿。住房安置多数以原房屋建筑面积或家庭人口数为基准确定安置面积，如《海城市农村宅基地有偿退出房屋补偿安置暂行办法》（2018）规定，有照住宅房屋按合法建筑面积 1：1 比例在原区域还平。重建安置的安置面积以当地宅基地审批标准为依据，部分地区还为农户重新建房提供一定的补助，如《常德市集体土地征收与房屋拆迁补偿安置办法》（2019）规定，向分散自建安置的农户支付 300 元 /m² 的建房补助费，最低不少于 7.2 万元，集中联建安置农户的建房补助费按 600 元 /m² 的标准列入资金预算，专项用于重建基地基础设施建设。

综合来看，宅基地退出中地上附着物的补偿以重置成本为标准进行补偿，未能体现房屋的真实价值，损害了农民的财产权益；住房安置面积以现有农房建筑面积或家庭人数为基准，农户家庭未来的居住需求被忽视。

二、完善宅基地退出补偿机制的路径

宅基地有偿退出机制对促进土地集约利用、推进城镇化顺利进行、脱贫攻坚实现全面小康具有重要意义，相较于宅基地流转，有偿退出机制涉及的利益主体和处分权能较少，一般仅包含农民、集体经济组织和政府三方主体且主要涉及宅基地使用权的权能处分，在充分尊重农民个人意愿的基础上，能够有效整合闲置宅基地，缓解城市建设用地紧张的局面。各类退出补偿模式应在原则性问题上达成共识，具体路径应交由各地自行探索。

（一）完善相关法律法规

在统筹城乡发展和乡村振兴战略鼓励支持下，国家开始对闲置或低效使用的宅基地腾退进行试点探索。但现行法律条文关于退出补偿机制的规定仍处于空白状态，各试点地区受多方面因素影响采取不同的退出补偿模式，但在共识性问题上应当统一标准，为今后改革试点工作在全国范围的开展奠定基础。主要包括：第一，关于宅基地外延范围的认定，当前农民住房之外用地是否能够获得退出补偿，例如农户搭建的厨房、卫生间、仓储间、鱼塘、沼气池等，不同认定标准将影响最终退出补偿结果。第二，非本集体经济组织成员通过继承、接受赠予等合法途径取得的宅基地能否获得补偿。第三，对于超出规定范围占用宅基地是否需要缴纳使用费，缴费标准应当如何规定。以上问题不受区位经济发展状况和农民生产生活水平影响，国家应当以法律形式作出统一规定，避免因认定标准不同损害农民的合法权益。

（二）提高农民关于宅基地退出补偿的实际参与度

完善农民表达需求和意见的有效途径，不仅能够确保合法权益和利益诉求得到有效维护，也能保障行政机关在推进土地改革工作中及时"修偏"。退出补偿制度作为农民退地获取未来生产生活资料的重要制度保障，应当在沟通协商的基础上，尽可能地实现农民参与退出补偿工作全过程，即便实施代表制，也应当由近亲属代为表达意见和需求。一方面，需要提高农民对于宅基地闲置和低效利用危害的认识，向其展示我国农业耕地短缺的紧张态势和闲置宅基地整合利用所带来的经济效益，土地管理部门可定期组织专家进村巡讲，强调国家鼓励农民响应号召自愿退出宅基地，并向其展示退出宅基地对国家发展的裨益。另一方面，应着力构建退出补偿长效机制，宅基地退出后对农民意见和需求置之不理的行为不可取。通过独立的第三方机构对农民退地后的工作生活、子女教育、卫生医疗等方面进行评估回访，充分了解农民实际需求，在保障农民正常生活条件的基础上总结经验教训，及时对退出补偿机制做出调整，为宅基地退出工作在全国范围内推广提供有益参考。

（三）优化农村宅基地增值收益分配方式

对于宅基地增值收益的分配，明确界定参与分配的利益主体、确定不同利益主体的分配比例，才能保障农民合理分享土地增值收益，进而支持农民获得生计有保障的退出补偿。根据现行宅基地制度的权利安排，宅基地所有权人为村集体，宅基地使用权人为农户，二者作为宅基地增值收益主要利益主体的地位毋庸置疑。基于现阶段国家不断强化农户的宅基地使用权并要求"提高农民在土地增值收益分配中比例"的政策导向，农户作为宅基地退出的主体在宅基地增值收益分配中应占最大的比例，其次为村集体。地方政府在宅基地退出中通过制定和实施土地规划、改善基础设施建设等举措提升了土地的市场价值，按照"谁贡献、谁受益"的原则也应作为利益主体参与宅基地增值收益分配。此外，在不同区域进行宅基地退出实践时，可以在充分保障农民权益的原则下按照各利益主体的贡献和投入确定分配比例，避免"一刀切"方式分配模式。

（四）完善就业支持和社会保障政策

从宅基地增值收益中设置用于就业支持和社会保障的专项资金，实施更加积极的就业支持政策，不断完善社会保障政策，增强退出宅基地农民对于生计转型的信心，消除其对未来生活的后顾之忧。积极的就业支持政策一方面可以结合新型城镇化建设、农村基础设施建设等为农民创造更多的就业岗位，并结合税收优惠政策等鼓励企业同等条件下优先招聘退出宅基地的劳动力，为农民拓宽就业渠道；另一方面可以通过政府组织职业培训、企业实施岗前培训的方式，提升农民的就业能力，并积极支持直播销售等新产业新业态和下乡返乡创业。在社会保障方面，要逐步构建城乡一体的社会保障制度，提高城乡居民基本医疗保险及基本养老保险的覆盖度，做好城乡居民之间基本医疗和基本养老保险的过渡和衔接。

（五）构建多元化宅基地退出补偿方案

补偿方案应根据农民实际生产生活需要和个人意愿做相应部署。首先，长期在外务工并拥有稳定收入的农民主观上愿意继续在城市生活，对于此类自愿退出宅基地的农户，应确保其享有与城镇居民相同的就业、购房、医疗等社会保障政策。其次，根据是否拥有固定住所进行分类，对于有固定居住地的农户，可参照当地政策标准以货币形式给予一次性退出补偿。对于尚未获得住所地的农户，应提前了解其迁居意向，若为本市辖区范围，可根据宅基地面积提供货币补偿与住房安置补偿。若农户迁居意向为其他城市，受行政区位限制，原则上只能为其提供货币补偿方案。对于长期定居农村或不愿脱离农村生活的农户来说，宅基地退出后社会保障手段并未发生明显变化，地方政府首先应当解决的是宅基地腾退所引发的农民住房问题。地方行政部门应率先进行民意调查和实地考察，根据愿意留守的农户数量合理规划选址，以农户原有宅基地大小为基准综合各类因素。

（六）探索退出补偿资金路径

除少数经济发达地区外，大部分地区在进行宅基地退出改革试点的过程中都面临着退出补偿资金短缺的困境。对于经济发展态势良好、城市或乡镇建设用地需求量大的地区而言，退出补偿所需资金可预先从财政账户中支取，之后通过招标竞价的方式将退出土地有偿提供给赢得投标的市场主体使用。而经济发展迟缓地区财政资金大都吃紧，并且各类市场主体对于退出后的宅基地需求量有限。地方政府可参照重庆"地票"模式，要求农民复垦宅基地并达到规定要求后提供退出补偿，可将集中连片的复垦耕地通过承包经营的方式以农场化模式运营，经营者所缴纳的承包费用反补已支出的退地补偿资金。部分地区不仅经济发展滞后且退出后的宅基地不宜复垦，村集体应当对退地进行整体规划，在地方政府的帮助下利用当地自然人文景观招商引资，进行商业旅游开发，充分利用已有资源，增加农村集体经济组织营业性收入。

乡村振兴战略对农业农村发展的总体要求是在党的统一领导下，实现高效发展、产业兴旺、生态宜居、生活富足。退地过程中补偿制度与农民利益密切相关，受多方面因素影响，各地所采取的退地方式形态各异，但都在不同方面取得了经验与成效。退出补偿机制整体上仍处于初步探索阶段，各方面内容都有待完善。应在沟通协商的基础上充分尊重农民个人意愿，完善退地保障措施，稳步推进宅基地退出工作，尽可能实现农民权益与公共利益的平衡。

第四节　农村宅基地有偿使用市场化

当前，我国新型城镇化进入了后半程，城镇人口持续增加，城镇新增建设用地供给处于偏紧状态，然而在人口不断缩减的农村，宅基地面积却不减反增，解决这一问题，需加快宅基地入市进程。我国宅基地使用权的市场化问题被诸多文献涉及，但至今未得到一致性结论，宅基地使用权市场化实际操作过程中的迟缓，一定程度上取决于计划经济时期形成的桎梏。宅基地对于农民的居住保障功能和社会的稳定功能，决定了其是一个特殊存在，所以对宅基地改革一直保持谨慎的态度。随着宅基地改革的深入和宅基地使用权继承制度的逐步完善，利益相关方也越来越纷繁复杂，改革中存在诸多难点。

一、宅基地使用权市场化的必要性

（一）住宅建设用地的"错配"

在国家推进人口城市化的号召下，越来越多的农业劳动者流入城市务工。从2004 年中央一号文件开始，多次提到放宽农民进城定居条件，改善农民进城就业环境，增加农民外出务工收入，推进城市户籍制度改革，这些为农民定居城市提供了条件。这种进城潮流后续带来一系列问题：对于农村来说，越来越多的农民定居城市，造成农村人口减少，大面积土地资源"沉睡"，加速了农村宅基地的闲置，甚至出现"空心村"的现象，与我国人多地少现状相冲突；对于城市来说，由于人口大量聚集，短时间内城市公共服务和基础设施难以跟上，新市民对原市民公共福利的稀释加重了城市负担，城市人口增加使得城市建设面积的需求不断上升，造成城市建设用地供需矛盾日趋紧张。根据住房和城乡建设部发布的数据，我国农村户籍人口由 2000 年的 8.12 亿减少至 2019 年的 7.76 亿，但村庄实有住宅面积却由 2000 年的 195.2 亿平方米增加至 2019 年的 255.3 亿平方米。城市用地紧张与农村大量土地闲置形成鲜明对比，我国本就土地资源紧张，每一寸土地都应当得到合理利用。所以这种城市用地紧张、农村用地富余的"错配"现象急需通过农村宅基地使用权市场化来解决。

（二）宅基地使用权到了必须市场化改革的窗口期

首先，在城乡融合大背景下隐藏的一系列问题（如人口老龄化严重、生育率下降、农村空巢老人数量增多等）及户籍制度改革和不动产登记形式上的完成的双重作用下，宅基地使用权到了市场化的窗口期。以现在为起点，我国正处于宅基地使用权市场化时机的巅峰，错过这一时期，我国对宅基地使用权的需求极有可能呈现下滑趋势。其次，农村宅基地一直倾向于被限制流转，阻碍了宅基地由居住功能向致富功能的转变，其财富功能无法得以释放。但是在买方有需求、卖方有资源的情况下，私下交易得以衍生发展，尤其是城乡接合部及经济较发达的农村地区。由于这种私下交易往往以口头交易形式进行，不受法律保护，不仅打破了原有的市场均衡，且在没有规范的情况下易发生不公平交易，甚至引发冲突，对社会安全造成威胁。最后，宅基地使用权依法继承迈出关键一步。2020 年我国出台相关政策，规定农村宅基地使用权可以由城镇户籍子女依法继承。这是土地改革的一个飞跃，但不容忽视的是，由于城镇户籍子女已在城市定居并拥有房产，其继承的农村房屋所有权和宅基地使用权仍将处于闲置状态。为了减少甚至避免这种闲置，允许宅基地使用权市场化，加大宅基地使用权的市场流转，是缓解这一问题的有效途径。

（三）宅基地盘活有利于乡村振兴

宅基地使用权市场化，对农村现有土地资源进行优化配置，是对卖方、买方及村集体三者都有利的决策。对于卖方而言，有利于农民由此获利，增加农民收入，提高消费水平；对于买方而言，其有效需求得到满足；对于村集体而言，闲置宅基地的利用率得以提高，有利于引入"新村民"，发展新产业，为农村发展注入新活力。但是对于宅基地盘活利用的模式要因地制宜，鼓励根据当地特色发展相应的产业，以此带动经济增长。如：对风景优美、生态宜居的地方加以改造用来发展乡村旅游和餐饮民宿；对闲置的废弃宅基地进行复垦，发展农业。做到三产融合有地方，产业兴旺有空间，促进乡村振兴和实现农业现代化。在城市土地要素价格不断上涨、房租和房价让人望而却步的时代，农村的宅基地却无法获得同等的市场待遇，所以可以充分利用城市周边的农村土地资源，尤其是针对大中城市而言，可以对其周边农村进行开发，以较低的房价引导人们从大城市向周边流动。这样一来，不仅可以缓解城市住房压力，还能推动城乡生产要素自由流动，将城市中的资源和资金引入农村，带动周边农村发展。

二、农村宅基地市场化配置的必要条件

（一）农村宅基地产权清晰

市场经济最核心的问题是交易，通过交易引导资源要素流向利用效率更高的主体，实现资源优化配置。科斯认为产权清晰是交易的前提。市场经济条件下，市场中的产权主体开展市场交易主要是为了获得其所拥有产权的资源（或者财产）的效用，即发挥产权的效率。一般而言，清晰的产权会产生较高的效率，模糊的产权则会导致效率低下。产权清晰可以降低交易成本，在产权内部容易形成有效的激励，提高产权效率，有利于保护产权，以及提高产权内部监督效率。农村宅基地市场化配置就是通过引入市场机制，使农村宅基地使用权能够按照市场价格的方向流向利用效率更高的主体，即核心是农村宅基地使用权交易。根据新制度经济学理论，农村宅基地使用权交易需要其具有清晰的产权，以降低交易过程中的成本。

（二）农村宅基地市场健全

市场化配置是资源在市场中按照市场机制进行配置，没有规范健全的市场，价格就容易被操控，市场机制就会失灵，资源难以实现优化配置。农村宅基地要进行市场化配置，需要健全农村宅基地市场。一是农村宅基地市场体系完整，如拥有农村宅基地一级市场和二级市场；二是农村宅基地市场交易规则公平，市场交易规则公平才能保障所有市场参与主体公平地进行竞争，保障农村宅基地使用权价格通过公平竞争形成，防止价格扭曲；三是农村宅基地市场交易平台完善，完善的农村宅基地市场交易平台有利于搜索市场供求信息、公开市场操作、加强交易监管、降低交易成本；四是市场监管主体明确，市场监管是政府的一项基本职能，农村宅基地市场监管是政府依据相关法律法规对农村宅基地市场交易行为进行引导或者限制，防止出现市场失灵。

（三）农村宅基地居住保障功能弱化或消失

中华人民共和国成立以来宅基地制度演进的基本逻辑是保障居住功能，国家通过制定政策无偿给农民分配宅基地，其政策初衷是保障农民有居住的场所，农村宅基地制度设计的初始功能是居住保障。农村宅基地市场化配置，目的是把宅基地当作一种财产进行配置。宅基地作为一种财产进行市场化配置，需要满足一个条件，即农村宅基地对绝大多数农民来说，其居住保障功能不断弱化或者消失，财产功能不断显现。如果农村宅基地对大部分农民而言，仍然是一种保障，那意

味着宅基地不能完全市场化配置。市场化配置只能限于不再是农民居住保障的那部分宅基地，即农民已经在城镇有稳定的住房，已经在城镇实现落户，或者已经具备落户条件。

（四）土地用途管制机制

健全土地用途管制是保护农地的核心举措。国家禁止宅基地入市交易的一个重要原因是担忧市场化配置后，社会资本大量进入农村购买宅基地，在建设过程中可能会占用农地。目前，我国存量宅基地面积大，闲置宅基地多。如果再新增宅基地使用量，则对耕地保护带来巨大的压力。因此，推进农村宅基地市场化配置必须要求拥有健全的土地用途管制机制。

（五）社会法制健全

市场经济从本质上来看是法制经济，只有法制健全，才能合理地约束市场主体的行为，维护良好的市场秩序。没有社会法制的健全，产权就得不到保护，市场交易过程中产权主体的权益就难以得到保障，致使产权效率降低。农村宅基地市场化配置是市场经济的一部分，同样需要全社会拥有健全的法制。

三、推进我国农村宅基地市场化配置的对策

（一）严格限定农村宅基地受让主体

宅基地流转是提高宅基地配置效率的重要途径，但是受农村土地主导功能定位的影响，宅基地流转在承受人的选择上与城市国有建设用地应有所不同。农村土地的主导功能是生产功能，生产人类生存所必须的农产品。同时，由于农业受自然条件影响较为明显，在市场经济体系中处于劣势地位，在行业之间的比较收益相对较低。因此，农地制度设计必须保护其生产功能的发挥，这是古今中外普遍的做法。我国在宅基地流转过程中可要求其承受人必须是从事农业生产的农民，承受人具备自耕能力，转入宅基地后必须在宅基地所在的农村集体经济组织从事农业生产，假如农户在工业化和城镇化进程中完全丧失承包地，则宅基地流转的承受人不受限制。对具有承包地的农户宅基地流转限制承受人的资格，以及规定宅基地再次流转的年限要求，可以有效保护农地，防止宅基地过度资本化和农房过度商品化。

（二）加快农村宅基地确权颁证登记

权属清晰是进行市场交易的前提，对于宅基地权属的清晰界定有利于宅基地市场化配置过程中保护交易双方的合理权益，起到"定分止争"的重要作用。尽

快明确农村集体经济组织成员界定办法，加快宅基地和农房的确权登记颁证，推进相关法律的立改废释。严格遵循登记程序，保证宅基地"分权到户""落实到人"。对于存在争议的地块，充分收集证明材料，并综合当事人、相关人、知情人的意见，合理划定宅基地界址范围并将相关资料存档备案。对于确权结果按照程序进行公开公示，确保每个利益相关方充分知情，并且对有异议的农户开辟申诉渠道。确保确权准确性和科学性，提高确权效率。建立常态化的培训交流学习机制，提高确权工作人员业务能力和专业技能。充实相关法律条文，为宅基地确权结果提供法律保障。

（三）构建宅基地流转审核制度

参考日本的土地交易审核做法，构建我国农村宅基地流转审核制度，在县级层面组建宅基地流转审核机构，对宅基地流转双方资格、流转价格和面积等信息进行审核。如对宅基地受让人进行资格审核，对宅基地受让人的自耕能力进行测试，测试合格则由县级政府核发"自耕能力证明"。同时，审核转让人的宅基地使用权来源、面积的合法性，对符合国家法律规定的宅基地流转，给予办理产权转让的建议。

（四）加强农村土地利用管制

统筹发挥土地利用规划、监督和土地破坏惩处机制建设等综合作用才能保证土地管制产生实效。针对土地利用总体规划在农村地区缺乏对细微土地利用行为进行约束的不足，完善农村土地利用详细规划，使其具体到每宗地的用途管控，并且对集体建设用地要增加土地利用强度方面的规划指引。比如对集体建设用地利用中的建筑高度、容积率和建筑密度等具体利用行为提供约束指标。避免土地利用规划实施困难，采用简单易行、通俗易懂的方式加强宣传，使农村土地利用规划的要求深入人心，从而提高集体组织成员自发遵守规划、合理有序开发利用农村土地的自觉性。

为农村土地利用规划的执行提供法律保障。审核批准后的农村土地利用规划具备法律效力，必须严格执行，只能通过法定程序进行修改完善。根据"先规划后建设"的原则，农村各类建设工程要遵守规划许可制度。加强规划条款的监督管理，未经批准不得擅自改变规划条款进行开发建设。有效发挥农村土地利用监督主体作用。赋予地方政府国土部门、村委会和农村相关协会组织的农村土地利用监督责任，统筹各方力量促进农村土地利用规划严格执行。充实乡镇国土所力量，完善办公条件，提高人员经费，加强农村土地执法监察力量。发挥村委会和农村相关协会组织的土地利用监督作用，既要赋予其驻村执法监督的权力，也要切实提高其履行职责的能力和责任。对于农村违法用地行为，首先要追究村级监督员主体责任。充分发挥村内长者力量，形成自我约束、自我管理的良好风尚，促进自发遵守土地利用规划。如湖南省隆回县和江苏省金坛区的农民耕地保护协会对耕地保护起到了作用，具有借鉴意义。明确破坏农村土地资源行为的处罚措施，建立违规违法土地利用行为的惩戒制度。根据违法违规方式、土地资源破坏程度以及土地可修复程度，制定细致明确的处罚标准，提高制度的可操作性。

（五）构建城乡统一的社会保障体系

随着社会转型，工业化、城镇化和市场化发展，城乡人口不断流动，典型特征是大量的农村人口向城镇转移，但城镇社会保障体系将农村转移人口排除在外，尤其是城镇住房保障体系，只面向城镇低收入居民开放，使得大多农村转移人口在城中村或城郊村租住或购置小产权房。因此，要构建城乡统一的社会保障体系，逐渐破解城乡二元结构。

1. 城镇住房保障体系面向农村低收入居民开放

改变过去城镇住房保障体系仅仅面向城镇低收入居民开放的格局，允许在城镇就业、收入水平较低的农村户籍人口享受城镇住房保障。若农村转移人口在符合条件的情况下长期享受城镇保障性住房，则需要退出其位于农村的宅基地。探索从现有存量住房中通过购买、租赁等形式形成一定数量的公租房，扩大城镇保障性住房供给数量。

2. 构建农村地区住房保障体系

对在农村地区就业、收入水平较低的农村户籍人口，构建农村地区住房保障体系。具体思路为：在农村地区就业的低收入农村户籍人口在所在农村地区租赁农房居住，国家给予一定的租房补贴。随着工业化和城镇化的进一步发展，大量农户进城就业，部分农户举家搬迁，且在城镇已经有稳定的就业和居住场所，这部分农户的农房长期处于闲置状态，农村地区的低收入群体可以租赁这部分农房，一方面解决了低收入群体的住房问题，另一方面也可以提高闲置农房的利用率。

3. 构建农村社会保障体系

建立多渠道筹资机制是健全农村社会保障体系的重要保证。筹资渠道来源主要有：政府财政投入、社会捐赠、农村土地流转收益。长期以来，中央财政用于社会保障的支出占中央财政总支出的比重相对较低（中国的比重为10%，加拿大为39%，日本为37%，澳大利亚为35%），且中央财政在社会保障方面的支出大部分投向城镇职工。中央政府和地方政府应该加大在农村社会保障方面的投入。鼓励上市公司、国有企业和社会高收入群体对农村社会保障体系开展捐赠，捐赠所得用于农村社会保障体系建设。最后，农村集体经济组织可以将农村土地流转收益的一部分归为农村集体，充实农村社会保障体系建设资金。

四、乡村振兴视域下推进我国农村宅基地市场化配置的政策建议

我国农村宅基地涉及的权益相关者众多，宅基地功能多样，试点地区采取的部分措施并不完全符合当前农村社会发展的需要。2018 年 1 月《中共中央国务院关于实施乡村振兴战略的意见》中，明确提出以乡情乡愁为纽带，吸引支持各类人才以多种方式服务乡村振兴事业。因此，宅基地退出机制的构建，首先必须充分认识到宅基地是农村非常重要、具有较大吸引力的要素资源，关注各地区位特色与各类权益相关者的内在需求，从根本上破除农村宅基地退出所面临的障碍，助力乡村振兴战略的实施。据此，提出以下政策建议。

（一）空间维度上，尊重迁居行为规律与地域空间差异，服务乡村振兴空间布局

首先，乡村区位存在很大差异，一部分乡村因地理位置偏僻，交通不便，又无显著特色，很难摆脱衰败的命运；另一部分乡村，有着相对较好的交通区位优势，而发展成为人们热衷于聚居的社区，这类地区的农房价值必然上涨。其次，不少地区有祖辈留下的特色民居，这些民居一方面是民间重要的建筑文化，需要传承，另一方面也是当地非常重要的旅游资源，需要开发。再次，另有一些地区则有着特色的乡土文化，如海南文昌、浙江丽水等是著名的侨乡。因此，一方面顺应农房不同区位的市场需求，推进宅基地使用权随房屋出租而灵活流转，另一方面帮助和鼓励宅基地使用权人或房屋所有权的继承者，寻求合作开发者，按照统一要求，及时修缮和维护特色民居，吸引当地城市资本与人口等要素以入乡创业或居住等方式回归乡村，从而促进城乡间要素流动，提高土地利用效率，增强乡村活力。

（二）时间维度上，尊重代际乡情差异，留住和吸引振兴乡村的人才

农村居民，特别是由于不同原因从农村移居城市的居民，其不同代际之间乡土情结的浓厚程度不同。乡土情结越浓厚的居民，可能越有意愿回乡休假，调查显示超九成的受访者每年都会安排或长或短的时间回乡居住，并利用这些时间以各种方式为自己家乡的发展做出贡献。从历史经验与国际经验来看，留住与吸引

人才对乡村发展是至关重要的。例如，在 21 世纪初我国新农村建设过程中，大量从农村走出去的人才为家乡捐资，使农村道路等基础设施建设得到极大改善。从法国的乡村复兴经验来看，正是由于吸引了非农业退休人员去乡村居住，从而促成了乡村服务业的发展，提供了大量的乡村就业岗位。因此，宅基地退出机制的建立，应在时间维度上关注当前宅基地权益相关者的乡情特点，充分认识到从农村走出去的各类人才是乡村发展的重要资源，顺势而为，赋予他们合理的宅基地及其地上房屋财产权益，并引导他们返乡为乡村发展做贡献。

（三）具体措施上，贯彻"三权分置"思想，建立分类退出机制

宅基地退出机制在明确宅基地所有权归农民集体经济组织所有的基础上，应进一步确定资格权与使用权。有研究认为，资格权是从宅基地所有权主体（即集体经济组织）处申请开发利用原始宅基地的权利，是无偿的，获批时同时取得该宗宅基地的使用权。使用权则是使用宅基地的权利，一部分因资格权而取得，一部分因宅基地使用权流转而取得，可以是无偿的，也可以是有偿的。不同的宅基地功能和宅基地权益对不同群体的意义和重要程度是不同的。

比如，非集体经济组织成员，有一部分属于在城镇具有稳定业缘关系的所谓"城一代"，他们通常有浓烈的乡土情结，在家乡有较多的亲友，且互动较为频繁，那么宅基地权益对于他们而言，意味着一种情感的连接，有了宅基地权益，则乡情有了寄托。这种情感与是否具有资格权关系不大，更多地取决于对祖辈、父辈的宅基地是否有继续使用的权利。宅基地退出机制设计应适当考虑他们的情感、尊重他们的意愿，对于居住功能完整的宅基地，既可以给予一定期限的无偿使用权，期限到期后可有偿使用或无偿退出；也可以引导他们有偿退出或流转。对于居住功能不完整的宅基地，则以无偿退出为主。而"农二代"，虽然他们出于对尚未长大的"农三代"未来宅基地需求的担忧，更倾向于维持"一户多宅"的现状，但从社会公平的角度而言，他们对父辈的房屋与宅基地使用权的继承，理应与非集体经济组织的成员相似。

外出务工的农民，由于现有工作与收入的不稳定，尤其是未来预期收入的不确定性，难以产生永久迁居城镇的决心和信心，农村宅基地使用权于他们而言具有重要的保障功能，应以引导流转为主，有偿退出为辅，且退出补偿应将经济补偿方式与提供城镇社会保障方式相结合。

（四）结论

宅基地退出过程中，虽有重重障碍，但有些障碍因素会因时间的推移和社会的发展而自然消退，宅基地退出机制设计应顺应社会发展的历史阶段，注重制度在时空上的差异性。同时，贯彻"三权分置"思想，区分宅基地资格权与使用权，农户后代的身份只对资格权产生影响，而对于父辈的房屋财产权理应享有平等的继承权，因继承房屋而取得的宅基地使用权也不能因继承者身份的差异而区别对待。如此，才有可能彰显制度优势，为乡村振兴事业的顺利开展提供一份保障。

第五节 集体土地上的房屋拆迁与补偿

我国土地实行的是社会主义公有制管理，土地归国家和集体所有，存在土地所有权和土地使用权分离的问题，进而造就了房屋征收这一特有的制度。根据土地所有人和房屋占用范围的不同，这一制度包括国有土地上房屋征收制度和集体土地上房屋征收制度两种。随着我国城市化的不断扩张，城市中可以利用的土地日趋饱和，政府部门可以回收利用的国有土地也越来越少，城市的范围逐渐向农村扩张，随之出现了大量集体土地上房屋征收行为。但目前我国的集体土地上房屋征收中还存在法律不健全、补偿混乱等问题，征收过程中的矛盾和冲突日益突出，农民的损失十分惨重。加强对集体土地上房屋征收补偿的研究，并加快相关立法进程是当前农民的迫切需求。

一、集体土地上房屋征收补偿标准的影响因素

集体土地上房屋征收补偿标准是房屋征收补偿中的重要组成部分，它和征收补偿原则、补偿范围和补偿方式等都有一定的关系。从宏观角度来看，集体土地上房屋征收补偿标准的影响因素主要有以下几个方面。

（一）征收补偿原则的影响

土地征收是为了满足国家公共利益的需求，强制性取得被征收者土地房屋所有权的行为。征收过程中被征收者丧失了不动产的所有权，因而承担了比普通民众更大的负担，也为公共利益做出了很大的牺牲。为了保障被征收者和普通民众之间的平衡，必须给予被征收者一定的补偿。分析各国和地区立法的不同，征收补偿原则可以大致分为：完全性补偿、适当性补偿和公平补偿三类。我国现有的立法中还没有对征收补偿原则做出统一的规定，《宪法》中虽然肯定了征收补偿的作用，但并没有明确规定征收补偿的原则，导致很多地方出现了征收补偿原则不统一，实际使用混乱等情况。

（二）征收补偿范围的影响

很多国家和地区对征收补偿范围的规定比较宽泛，例如美国的不动产征收范围不仅包括不动产本身，还包括不动产的附加产物和与地产相关的无形资产等。我国国有土地上房屋征收补偿范围中包括了房屋价值、搬迁损失和临时安置补偿

这三个方面，可以说是立法上的一大进步。但是该立法中对土地使用权和划拨土地使用权这两者没有进行区别划分，很多学者对此存在争议。部分学者认为，集体土地上房屋征收应该有别于国有土地上房屋征收，对集体建设中的土地使用权区别对待，如果可以无偿获得集体建设用地的使用权，对土地使用权的终止不需要进行补偿，反之，就需要增加土地征收补偿的金额。但不论集体建设用地的获取是有偿还是无偿，都是用益物权的行为，征收作为剥夺他人财产权的行为，应该给予相应的赔偿，并纳入征收补偿的范围中。

（三）征收补偿办法的影响

我国的土地征收补偿主要以多种费用的形式体现，其中征地的补偿包括土地补偿、临时安置补助和农作物补偿等。集体土地上房屋征收补偿管理办法主要由各级政府规定，农村地区和城市远郊一般采用迁建安置的方式，进行宅基地建房，按照房屋拆迁成本进行补偿，宅基地征收按照当地规定的征收标准。城乡接合部和城中村一般不安排宅基地建房，主要通过实物和货币补偿，由政府提供安置房或者被拆迁者自行购房。

二、集体土地上房屋征收补偿标准的确定方法

（一）房屋价值补偿标准的确定

针对集体土地上房屋征收中的非住宅房屋，由于集体建设中的土地使用权具有一定的限制流转性，很难评估它自身的价值。可以采用区分是否搬迁重建的方法确定补偿标准，需要搬迁重建的非住宅房屋，应该聘请相关专家进行重置成本评估，以确定合理的补偿标准。对于提供土地重建安置的征收补偿，应该由资深房地产评估机构进行房屋价值评估，评估中去除土地使用权价值的补偿。

（二）临时安置和拆迁补偿标准的确定

相关法律规定，只有在征收房屋的情况下被征收者才能得到搬迁补偿；只有在符合产权调用补偿方式的基础上，被征收者用于产权调换的房屋在征收时无法按期交付时才能获得临时安置补偿。但是相关法律中对于搬迁和临时安置的具体补偿标准还没有做出明确规定。搬迁费和临时安置费在征收支出中所占的比例并不大，聘用第三方评估机构并不经济。对此征收者和被征收者可以协商解决，如果协商不成可以聘请专业搬家公司进行搬迁，并由征收方提供周转房作为补偿。

（三）停业停产补偿标准的确定

停业停产补偿是指被征收者由于房产被征收，无法正常开展业务导致的损失，

这种补偿和被征房屋属于集体土地或者国有土地没有直接关系。集体土地上房屋和国有土地上房屋的停业停产补偿标准可以一致。停业停产损失包括两方面的内容，第一是由于停业停产导致被征收者失去了获取利润的机会，第二是征收过程中产生的费用，如仪器、设备和商品搬迁费用，以及停产期间员工的福利、工资等。补偿标准应该对相关的利润损失和必要的费用补偿进行分别设定，做出停产停业效益评估的指导性规定，避免政府由于执行不当损害了被征收者的合法权益。

加强对集体土地上房屋征收补偿的研究，并加快相关立法进程是当前农民的迫切需求。国家应该针对集体土地上房屋征收中出现的问题，加强对相关立法的关注和重视。建立有法可依、公平公正的土地补偿操作机制，促进国家、集体和农民三方的利益达到平衡状态。

集体土地房屋拆迁补偿标准规定是：集体土地房屋拆迁应当支付土地补偿费、房屋补偿费及装修费、安置费和搬迁费、困难补助和奖励、房屋内各项家电移机补偿、非住宅房屋营运损失补偿，房屋补偿费按平方米单价计算，周转补偿费按被拆迁房屋住户的人口每月予以补贴，奖励性补偿费按国家政策确定。根据《国有土地上房屋征收与补偿条例》第十七条规定：做出房屋征收决定的市、县级人民政府对被征收人给予的补偿包括：第一，被征收房屋价值的补偿；第二，因征收房屋造成的搬迁、临时安置的补偿；第三，因征收房屋造成的停产停业损失的补偿。市、县级人民政府应当制定补助和奖励办法，对被征收人给予补助和奖励。

第五章

农村闲置宅基地盘活利用

第一节　农村闲置宅基地内涵

一、农村宅基地闲置的界定

关于农村宅基地闲置的界定，学术界进行了广泛的研究，主要集中于从宅基地利用情况和使用价值发挥的视角对闲置宅基地进行界定。多数学者从土地利用的角度，基于宅基地的利用情况对闲置宅基地进行描述，指出闲置宅基地主要包含"占而不用"和"建而不住"两种情况。其中，"占而不用"是指宅基地上未修建任何建筑物，即宅基地空置，未做任何用途；"建而不住"是指宅基地上建有房屋等建筑设施，但由于各种原因建筑物在一定期限内处于无人居住或利用的闲置状态。

随着我国城镇化进程加快，城市更多的就业机会、现代的生活方式、丰富的业余生活等吸引大量农村人口向城市转移，城市务工带来的经济条件改善使得农户对住房条件的要求不断提高，有能力、有意愿的农村居民直接在城市买新房定居，或者在农村再建新房改善返乡居住条件，导致农村地区"建新不拆旧""一户多宅""建而不住"等宅基地闲置问题日益明显。此外，有学者认为，宅基地面积超出标准也会对宅基地的利用产生影响，因此将面积超标的宅基地也认定为属于闲置宅基地的范畴。比如，现实中由于管理不到位、缺乏规划引导，不少地区农民建房出现无序、乱占乱建的情况。但部分人均面积超标是历史原因造成的，例如，在1998年《关于继续冻结非农业建设项目占用耕地的通知》出台之前，不少地区农民建房基本不受政策限制，已建成房屋的人均面积与后来的相关规定冲突。针对历史形成的宅基地面积超标等问题，祁全明认为超标宅基地并不必然会导致闲置宅基地的产生，应该将乱占宅基地和闲置宅基地进行区分，即便是宅基地超标，如果能够有效利用，也不能认定为是闲置宅基地。

除了从土地形式上是否被利用来判断宅基地的闲置情况，现有研究也从宅基地的使用价值和功能是否得到有效体现对闲置宅基地进行识别。根据宅基地功能的实现情况对宅基地进行界定，认为闲置宅基地是在一定期限内未能有效发挥住宅功能的宅基地。比如，艾希将闲置宅基地界定为在一定时间内无人居住或使用而导致的宅基地上住宅及其附属设施的空置状态。根据宅基地上建筑物的使用状态，将宅基地分为使用中宅基地、闲置宅基地和废弃宅基地三种类别。其中，闲置宅基地特指居住功能完备但在一定期限内无人居住或利用的宅基地，废弃宅基地则是指废置已无法满足居住功能的宅基地，两者均被认为属于宅基地闲置的范畴。相当一部分学者认为，在包括居住保障在内的国家层面制度性的基本社会保障体系健全完善之前，宅基地担负着有效保障广大农村居民"居者有其屋"的重要功能，尤其是广大老年群体依旧需要"以地养老"，因此，当前宅基地闲置并非浪费，而是有效的资源冗余，需要以长期的战略眼光来看待当前阶段的宅基地闲置浪费等问题。

关于闲置宅基地概念中提到的对一定期限的判定，目前学术界还未达成一致认知。国土资源部在2012年修正颁布的《闲置土地处置办法》里对闲置期间的判定是以一年为周期。闲置起算时间主要有两种，一种是土地使用合同或者划拨决定书约定、规定的动工开发日期，另一种是开发建设用地面积和投资额未能达到一定比例时中止开发建设日期。如果超过起始日期满一年，即被认定为是闲置土地。虽然这一闲置期间的判定主要是针对国有土地开发而言，并不完全适用于农村宅基地的情况，但在该办法中规定，集体所有建设用地闲置认定需要参照有关规定执行。因此，对于宅基地闲置期间的认定也需要参考该办法。由于各地农村实际情况差异较大，学者在实地调查研究宅基地闲置问题时，对闲置期间的认定存在一定差异。有些学者在调研中采取以连续两年居住月数不足一个月作为闲置期限的标准；有些学者认为考虑到每年有大量农民进城务工，为了保障农民利益不受损，防止期限过短威胁农民的基本居住权，在闲置宅基地认定时应以两年为期限；有些学者在实际调研中将连续空置一年的宅基地视为闲置宅基地。

二、宅基地闲置的现状及成因

（一）闲置宅基地现状

从闲置宅基地的规模来看，在全国范围内宅基地的闲置问题较为普遍。我国农村宅基地面积占农村集体建设用地面积的70%，其中三分之一长期处于闲置和低效利用状态。根据有些学者测算，全国空置宅基地面积约为1.14亿亩，空置率高达40%。也有学者研究认为，现实中闲置宅基地比例应该在10%到20%之间。有些学者以家庭用电量作为测算依据，指出农村房屋空置率大致为14%，某些宅基地闲置程度严重的村庄甚至出现"空心化"现象。随着城镇化过程中农村人口持续减少，可以预期在未来一段时间我国农村宅基地闲置比例将会进一步提升。

从闲置宅基地的分布格局来看，各地区农村宅基地闲置程度存在较大差异。分区域看，农村人口流出较多的省份宅基地闲置率普遍较高，与东部地区相比，中部和西部地区的宅基地闲置率明显更高。但也有学者对此提出了不同看法，李婷婷等比较了东、中、西、东北部地区农村宅基地闲置率，指出由于东部地区经济发展最快，乡村人口向城镇转移最为明显，因此农村宅基地闲置率呈现东部最高、西部次之、东北第三、中部最低的格局。分村庄区位看，随着城镇化进程的加快，近郊村庄具有临近城市的地理区位优势，土地巨大的级差地租潜力得到释放，使得近郊村庄的宅基地闲置率明显低于偏远农村。分地形看，由于山地丘陵地区农户的增收渠道较少，脆弱的生计资本加大了人口外迁的概率，因此山地和丘陵地区的宅基地闲置程度高于平原地区。

（二）农村宅基地闲置成因

1. 农户主观认识不足

农户主观认识不足是农村宅基地闲置的重要原因。对于长期在农村生活的农民来说，宅基地是其生产、生活的重要场所，也是其维系社会网络和宗族关系的重要空间，同时还具有家庭传承、养老等特殊功能。再加上宅基地的无偿、无期限使用特点，即便是进城务工并定居或陪子女上学在城镇定居，祖宅无人居住，甚至闲置荒废，他们也不愿意将宅基地退给村集体，他们认为宅基地是一种传承、一种寻根问祖的印记。此外，多数偏远地区，农民容易受到传统封建迷信的影响，错误地认为依法审批的宅基地所处的位置"风水"不好不宜建造住宅，而自行在村里其他"风水"好的地方违法违规建造住宅，也就是所谓的"批甲地、用乙地"，进而导致农户原合法申请的宅基地闲置浪费。

2. 村庄规划缺失

村庄规划缺失是我国农村宅基地闲置的根本原因。新修订的《土地管理法》明确提出，"农村村民建住宅，应当符合乡（镇）土地利用总体规划、村庄规划，不得占用永久基本农田，并尽量使用原有的宅基地和村内空闲地"。村庄规划作为一项基础工作，在新中国成立初期，我国就提出了相关概念和一些具体要求，但长期以来我国高度重视城市发展，秉承着城市优先发展的原则，积极对城市国有土地做出科学而全面的发展规划，而忽视了农村发展规划的重要性，多数农村地区并未编制科学的村庄规划，这也就导致了农民乱占耕地建房及农房布局呈现散乱状态，影响了村容村貌和农村宅基地的高效利用。另外，部分农村地区即便制定了村庄规划，但由于过度重视农村新建居住区的规划和整齐，没有考虑到要对村内原有宅基地的合理改革和利用，农民原有宅基地仍处于闲置状态。

3. 宅基地利用不规范

宅基地利用不规范主要表现在农村宅基地"一户多宅"和宅基地面积超标上，这也是我国农村宅基地闲置的主要原因。我国《土地管理法》第六十二条明确规定了"农村村民一户只能拥有一处宅基地，其宅基地面积不能超过地方规定标准"。但根据自然资源部通报数据显示，2020年7月至2021年8月，全国有20个省（区）发生了49宗新增违法违规建房的典型案例。结合对安徽省的实地调研发现，因继承、申请审批不严、历史遗留问题、政策执行偏差等原因，农村地区"一户多宅"和宅基地面积超标问题也较为严重。据南谯区、凤阳县、泗县农村宅基地制度改革领导办公室统计，在新一轮农村宅基地制度改革开展前，南谯区摸底排查出南谯区户均宅基地面积222.6平方米，房屋面积176.76平方米。其中"一户多宅"1910户，占比5.3%；宅基地超面积1.84万户，占比51.1%；闲置农房和宅基地4949户，占比13.8%。凤阳县摸底排查"一户多宅"2880户、面积超标25103户。泗县摸底排查出"一户多宅"1.21万户，"一户多宅"率5.72%，宅基地超出限定面积13.3万户，超面积率63.03%。

4. 宅基地盘活利用机制不健全

（1）宅基地流转机制不健全

目前，根据相关法律和政策规定，农村宅基地使用权流转机制不健全主要受到流转主体、范围、用途、期限等多方面的限制。再加上，我国长期以来实行的"无偿、无期限、无流转"的农村宅基地制度也导致宅基地使用权的流转多为农户之间的私下流转。结合实地调研发现，尽管在新一轮农村宅基地制度改革的要求下积极探索农村宅基地使用权流转机制，但多数试点地区都提出了要结合地方宅基地资源的实际情况和经济发展要求，探索宅基地使用权跨村、跨镇、县域甚至是市域内流转。但实际中对宅基地使用权流转的主体、形式及流转后用途的严格限制，导致宅基地流转范围难以扩大。此外，对宅基地使用权流转期限的限制，在一定程度上影响了人才、资本、技术等要素流向农村的积极性。同时，现有的相关法律法规尚未对流转期限届满后对宅基地及地上建筑物的归属及处置问题做出明确规定，这在一定程度上也加大了宅基地流转的难度。

（2）宅基地有偿退出机制不健全

2019年5月，国务院出台的《关于建立健全城乡融合发展体制机制和政策体系的意见》提出"鼓励村集体及其成员盘活利用闲置宅基地和闲置房屋，探索对增量宅基地实行集约有奖、退出有偿"。《土地管理法》也明确提出国家允许进城落户的农民自愿有偿退出宅基地。在这一顶层设计下，多数试点地区通过积极实践，探索出了一些典型案例，但是尚未形成可推广的经验借鉴。已有的法律规定对农村宅基地退出仅停留在鼓励和引导层面，尚未做出明确部署，缺乏实质性的制度支撑。这也导致了农村宅基地退出方式、退出补偿标准及退出补偿资金来源没有直接的法律依据和参照物，导致农民主动退地的意愿不强，参与积极性不高。

三、宅基地闲置的主要类型

总体而言，因各地审批管理制度、经济发展情况、区位资源条件以及文化习俗等的不同，农村宅基地闲置现象在全国范围内普遍存在且表现为相互各异的类型。宅基地闲置主要表现为宅基地本身的空置、地上建筑物闲置废弃以及宅基地低效利用等闲置特征。具体而言，与之相对应的闲置情况在现实中表现为：处于可使用状态的宅基地长期不利用；大量农村人口外出打工或者举家定居城镇等导致农村住宅无人居住，以及子女继承父母的老旧住宅却不利用；宅基地占用面积超出规定标准以及建造新住宅而没有拆除旧住宅，导致宅基地的低效利用。此外，在一些居住条件相对不好，需要统一协调移民搬迁的地区，迁出区宅基地闲置问题也不容忽视。

（一）批而未建的宅基地闲置

这种类型主要包括那些长期空置或房屋倒塌、被拆除两年以上而没有重新恢复使用的宅基地，是宅基地本身的闲置网。宅基地作为广大农民最重要的生活财富，在传统观念里可能认为宅基地越多越能显示出自己家大业大，加之宅基地的无偿取得和无期限使用，只要达到申请条件和要求，便可向村集体申请宅基地以增加使用面积和数量。取得宅基地后，部分村民因暂时没有资金建房或者因子女年龄太小还不需要建房，使宅基地一直处于闲置状态。也有部分村民信奉风水，认为风水不好的地方会影响自己的生活，由此造成宅基地长年无人利用而处于空置荒废的状态。还有一些宅基地因为权属关系比较复杂，多方协调仍然无法达成共识，即使执意建房，后续也可能出现一系列其他连带问题，因此在权属关系明晰之前就一直处于闲置状态。显然，批而未建宅基地是对农村稀缺土地资源的一种低效利用，也是土地资源浪费的另一种表现形式。

（二）外出务工或经商的季节性闲置

改革开放以来，我国城市化和工业化进程加速推进，城镇非农就业机会与发展机遇也随之增加。与此同时，由于农民增收的约束因素增加，以务农为主获取收入已经无法满足广大农民日益增长的美好生活需要，且农业农村现代化还会进一步释放更多劳动力，因此农民为了追求更好的生活条件，家庭主要劳动力往往选择远离家乡外出务工，或者举家迁移到城镇务工或经商，只有在农忙时节或者春节等重大节假日期间才返回家乡，导致农村的宅基地以及住房在居民外出务工期间处于闲置状态。同时，由于制度性限制以及城镇高房价和高昂生活成本，大部分农民年轻时期在外务工，年老择机返乡养老，因此农村宅基地和房屋就成了在外打工农户面临风险时的最后归宿。这种由于农村人口的阶段性流出而导致的宅基地闲置是我国经济社会发展过程中的一种正常现象，是短期的季节性闲置，这也是广大乡村地域现存的比较常见的一种宅基地闲置状态。

（三）进城安居落户或子女继承的长期闲置

随着生活条件的改善，部分农村居民由吃饱穿暖向追求更高质量的生活转变。相比于农村地区，城镇拥有更好的教育、医疗以及其他生活配套设施等公共服务供给，因此进城定居落户成了一部分农民的目标追求。

目前在城镇买房的农户大致分为三类：一类是早期进城务工或者经商的农民，在城镇取得了较高的收入水平，也积攒了足够的财富，因此选择在城镇买房并举家迁移到城市工作生活和学习；另一类是新一代适婚农户子女，他们为了后代能够受到更好的教育大多选择在城市另购房屋作为婚房，并且努力在城市奋斗、为未来生活创造更好的条件；还有一类虽然出生在农村，但是通过自身努力考上大学或者参军并成功落户城市，这类人在城市拥有稳定的工作和生活，很少会有人选择回归农村。

第一类人在城市购买住房，可以享受城市的资源和便利的生活设施，这部分人在很长时间内会留在城市生活，导致农村的宅基地和房屋长期处于空置状态。在户籍制度的限制下，因工作机会以及社会福利保障的不稳定，他们往往担心未来负担不起城市高昂的生活成本，因此仍将农村宅基地作为最后的生活保障，不愿意将宅基地退还给村集体。对于第二类和第三类人，他们虽然在城市生活，却拥有农村宅基地上房屋的继承权。由于受到传统乡土情结的影响，农村宅基地和住宅是父辈居住生活的地方，是他们唯一的情感寄托，继承的住宅即使无人居住，大部分人也不愿意主动流转或者上交给村集体，而是长期处于荒废状态，造成了宅基地的长期闲置。

（四）"一户多宅"和面积超标闲置

随着经济的发展和时代的变迁，农村居民的收入水平显著提高，对住房条件和基本生活设施的需求也相应增加。《土地管理法》第六十二条规定："农村居民一户只能拥有一处宅基地，其面积不得超过省、自治区、直辖市规定的标准。"由于基层土地管理部门对农村宅基地的审批和使用监管存在一些漏洞，加之村庄缺乏土地总体利用规划，在宅基地获得的无偿性与福利性条件下合法取得宅基地使用权的主体可以无期限使用宅基地，因此建新房不拆除旧房、批少建多、沿公路建房等现象普遍存在，并产生了大量的"空心村"。

根据第三次全国农业普查的数据，全国 99.5% 的农村家庭拥有自己的住房。其中，87.0% 拥有一套住房，11.6% 拥有两套住房，0.9% 拥有三套或更多的住房，反映出"一户多宅"的现象明显。刘丹对我国 27 个省份 112 个村庄的宅基地面积进行测算，发现各区域户均宅基地面积分别为东部 300.49 平方米、中部 310.91 平方米、西部 346.69 平方米、东北部 506.9 平方米，其中宅基地面积超过全国平均水平的省（区、市）占该区域的比例分别为 50.00%、83.33%、41.67% 和 33.33%，且各省（区、市）农村地区的人均住宅面积都明显高于城市地区的人均住宅面积。农村地区存在的"一户多宅"和面积超标问题，严重制约了土地资源节约集约利用，村内宅基地和住宅大量闲置浪费，也不利于农村地区整体规划和村容村貌的整体提升。

（五）易地扶贫搬迁造成闲置

易地扶贫搬迁是我国打赢脱贫攻坚战和振兴农村地区的关键举措和重要经验之一。在易地扶贫搬迁过程中，地方政府有计划地将生活在"一方水土养不起一方人"地区的困难群众从生活条件恶劣的地区搬迁至统一规划的安置社区，从而改善搬迁人口的居住生活条件，增加他们的收入机会，并帮助易地搬迁困难群众逐步实现共同富裕。截至 2020 年底全国已有 960 多万贫困人口得到安置，其中城镇安置 500 多万人，农村安置约 460 万人，标志着脱贫攻坚取得了历史性成就。通过"挪穷窝、换穷业、拔穷根"使贫困地区的群众住进了新房，原住地区因恶劣的生活环境和艰苦的生产条件已不适于人们居住，因此随着整村搬迁工作的持续推进，未来各地迁出区的宅基地闲置荒废问题也会进一步凸显出来。

第二节 农村闲置宅基地盘活

一、农村闲置宅基地盘活利用定义

由于我国近年来才提出闲置宅基地盘活利用的相关表述，学术界对这一概念尚无统一的界定。《辞海》（第六版）对"盘活"一词做出了定义，认为"盘活"是指对于闲置的资产、资金等，采取一系列的措施，使得其活力得到激活，进而产生效益。闲置宅基地盘活利用，从资产的角度上可以理解为，通过采取一系列的措施，使得闲置宅基地资源的使用效率可以得到显著提高，让闲置宅基地达到相对较高的活力状态。按照农业农村部对闲置宅基地盘活利用工作要求，可认为闲置宅基地盘活利用是指各地综合衡量地区自然环境、区位条件、资源禀赋、产业基础和文化传承等要素，在确定宅基地利用方向的基础上，选择符合本地区发展实际的盘活模式与利用方案，以期提高农村宅基地利用效率，为乡村产业振兴提供土地要素支撑。综上所述，本文认为闲置宅基地盘活利用主要将宅基地本身，或者是宅基地上空置、荒废时间达到两年及以上的建筑物，通过一切合理的利用方式，将资源转变为资产，进而激发一定的效益和效能。

二、农村闲置宅基地盘活利用的必要性

（一）农村宅基地功能转型

宅基地制度形成初期是以"保障农民基本居住权，实现居者有其屋"为根本目标，主要是以保障功能为导向，但也没有否定宅基地的财产属性及其他属性。相关数据显示，2000 年至 2020 年，农村常住人口从 8.08 亿人缩减至 5.1 亿人，村落数量也从 353.7 万个减少至 245.2 万个。《中国农村发展报告 2020》预测，未来我国城镇人口和农业转移人口依旧稳步增加，到 2025 年，我国城市人口将占总人口数的 65.5%，农业转移人口数量与 2020 年相比，新增 0.8 亿人。在这一态势下，"宅基地不用于建房，房子不用于住"的现象在农村地区将会普遍发生。在理论上可以理解为宅基地的居住保障功能向其他功能的转变，这种转变往往伴随着宅基地利用形式和利用效率的变化，而宅基地闲置现象也能很好证明宅基地功能发生了转型。按此路径，在农村社会保障的持续进步及新型城镇化、工业化的加速推进的背景下，宅基地居住保障功能作为宅基地的主要功能，实际上是未

对宅基地用益物权属性松绑，不符合宅基地资源的优化配置利用。从宅基地功能上看，居住保障功能应逐渐向经济财产功能转变，农村大量的闲置宅基地不仅仅是农民的居住保障，更是农民的一项土地财产资源。

（二）保障农民宅基地权益的需要

长期以来，我国实行"一户一宅"的宅基地制度总体上满足了农民的基本居住保障和居住权利。结合实地调研发现，随着宅基地资源的粗放利用与宅基地闲置问题的加剧，多数农村地区出现了农村建设用地不增反减的逆向发展态势。农村土地资源总量固定，农村宅基地的不合理利用，势必会导致新增人口即便是符合申请宅基地条件，也无地可批。事实上，多数地区由于存量宅基地所剩无几，当地的国土资源部门不得不暂时停止宅基地的申请和审批业务。但随着结婚、分户及人口的增长，必然会带来居住面积的扩张，停止对农村宅基地的分配，实际上是对农民宅基地权益的侵犯。为了解决住房问题，农民只能私下买卖或流转，如果出现问题纠纷，农民的权益可能难以得到有效保障。而推进农村闲置宅基地盘活利用则是实现并保护农民合法权益的关键举措，通过闲置宅基地资源的合理利用，为符合申请建房要求的农户提供宅基地，满足符合用地条件的其他主体需求，这也是新一轮农村宅基地制度改革的要求。

（三）增加农民财产收益的需要

2020年，城镇居民人均可支配收入约为农村村民的 2.5 倍，城乡差距依旧明显。而农村收入构成单一、增收渠道不足是造成这一现象的主要原因。有学者提出，农村贫困、农民收入低，是因为土地作为农村发展的基本要素之一尚未得到有效流通。在乡村振兴背景下，农村宅基地的经济财产功能日益凸显，在有效实现农民住有所居的前提下，农民对宅基地的需求已经超出了基本的居住保障功能，而对宅基地的财产权利和资产价值的需求意愿越来越强烈。当农村宅基地的经济财产功能被人们重新审视，一部分农业转移人口进城落户后转为市民或有条件在城镇稳定就业生活但未转化为市民的，他们中的大多数希望在保障宅基地自由交易权的前提下，通过有效的途径盘活这些已经失去"居住保障"功能的闲置宅基地，充分激发闲置宅基地的财产功能。

三、农村闲置宅基地盘活利用的可行性

（一）国家政策支持

为解决农村宅基地大量闲置问题，2018年1月，中央"一号文件"提出"盘

活农村存量建设用地，完善农村闲置宅基地和闲置农房政策"这一直接要求。2019 年 9 月，农业农村部印发《关于积极稳妥开展农村闲置宅基地和闲置住宅盘活利用工作的通知》强调闲置宅基地盘活利用工作要以提高土地利用率和增加农民收入为导向，以发展乡村产业为着力点，这对农村宅基地盘活利用工作作出了方向上的指导。随后，《关于进一步加强农村宅基地管理的通知》对农村闲置宅基地盘活利用工作提出要"通过自主经营、合作经营等多种管理方式，依法依规发展乡村产业"的具体要求。此外，中央还从发展市场机制的角度出发，充分强调了市场机制在宅基地盘活利用中的重要作用，要通过市场机制来实现土地要素在城乡之间的流通。2021 年 12 月，中央出台的《关于印发要素市场化配置综合改革试点总体方案的通知》提出了加强土地精细化管理及土地节约集约利用，积极开展全域土地综合整治等具体举措，进一步构建更加完善的要素市场化配置机制。2022 年 2 月，中央"一号文件"再次要求以宅基地制度改革为突破口，依法依规在全国各地开展土地综合整治试点工作。可见，国家高度重视农村闲置宅基地盘活利用工作，且在顶层设计上已经指明了发展方向，这为农村宅基地盘活利用试点实践工作奠定了坚实的基础。

（二）多元主体的强烈愿望

1. 农民主体的强烈愿望。农民作为农村宅基地使用权人，是宅基地盘活利用的关键主体，尊重农民的意愿是农村闲置宅基地盘活利用的最主要的原则和底线。通过对实地调研了解到，相对于城镇居民，农村村民在享受社会保障方面不占优势，这使得大量农户仍不愿意放弃宅基地的养老与保障功能。但在宅基地主要功能由住房保障功能向经济财产功能转变的前提下，农村闲置宅基地盘活利用正是实现农户财产权利的重要渠道，更是新一轮农村宅基地制度改革探索的一项重要改革内容。对于部分进城落户的农民，宅基地财产性功能愈发彰显，农村闲置宅基地盘活利用工作从实际利益上看，是把"死资产"变成"活资本"，即保障了农民的财产权，也实现了农民收入的增加。此外，农民还可以通过就地从事旅游、餐饮、服务等，获得工资性收入，农民的利益诉求也在日益高涨，盘活农村闲置宅基地是农民的强烈愿望。

2. 村集体的强烈愿望。当前，农村宅基地闲置浪费是发展集体经济的重要障碍因素之一，而村集体采取有效措施加以有效盘活利用，不仅意味着村民和村集体收入的增加，更意味着能够引领农民群众实现共同富裕。此外，村集体积极采取有效的闲置宅基地盘活利用措施也是提高村容村貌的重要途径，实施农村人居环境整治、美丽乡村建设政策不可或缺的关键一环。

3. 其他社会主体的强烈愿望。在城市土地资源极其匮乏的前提下，农村闲置的宅基地资源是乡村振兴背景下乡村产业发展用地需求的土地要素保障，这也是多数社会主体选择在农村发展相关产业的根本原因。推进农村闲置宅基地的有效盘活利用是释放宅基地经济价值，保障乡村振兴用地需要的改革尝试。农村闲置宅基地盘活利用的本质就是以放活宅基地使用权的方式充分释放宅基地资源，通过使用权向村集体流转、向其他社会主体流转，进而提升宅基地的节约集约利用效率和发展乡村产业的潜力，释放宅基地的经济财产效益。此外，利用农村闲置宅基地发展民宿产业、康养产业、文旅产业等，在提高农民财产性收入的同时，还能满足部分城市居民对农村生活的向往之情。

四、农村闲置宅基地盘活利用实践——以浙江省舟山市为例

（一）盘活闲置农房的时代背景

随着城镇化进程的不断推进，渔农村劳动力大量向城镇和非农产业转移，加上"小岛迁、大岛建"等政策叠加，舟山市渔农村"空心化"、农房"空户化"现象日益突出，大量农房处于闲置或半闲置状态。据不完全统计，全市有19002个农户房屋闲置、废弃，约占全市农房总数的10%。渔农村大量存在的闲置农房，是渔农民手中最重要的资产，具有自然属性、经济属性和公共属性。在实施乡村振兴战略大背景下，盘活闲置农房已成为振兴乡村、振兴海岛必须要解决的重要课题。

一是生态宜居有要求。乡村振兴，生态宜居是关键。自2003年实施"千村示范、万村整治"工程以来，舟山市美丽乡村建设取得了令人瞩目的成就，但在渔农村人居环境得以整治和改善的背后，伴随着经济社会的变迁、大量渔农民进城入学置业，也出现了一批长年累月没人居住的闲置农房和被废弃的村集体房屋等。这些被闲置的农房，没人打理和修缮，严重影响着村容村貌。盘活闲置农房和宅基地，可为美丽乡村建设中的生态宜居锦上添花。

二是产业兴旺有需求。乡村振兴，产业兴旺是重点。产业要兴旺，不仅要经营好田园，而且要经营好山水，经营好村庄，加快推进渔农村三次产业融合发展。而在当前，市场需求最旺盛且前景最广阔的，是渔农村新产业、新业态和新模式。随着乡村旅游兴起，许多外迁的渔农民和工商资本看到这一商机，纷纷返乡、下乡，利用闲置农房经营渔农家乐、民宿等，重新焕发了乡村活力，成了推动乡村

产业振兴的主引擎。

三是渔农民增收有意愿。乡村振兴，生活富裕是根本。舟山市渔农民人均收入虽然连续多年排名全省前列，但到2018年财产性收入也仅占5.5%，渔农民的财产性收入是增加渔农民收入的最大短板。农房是渔农民的最大财产，渔农民也有通过出租农房增加收入的意愿。盘活闲置农房，可为渔农民持续增收找到新途径，为促进渔农民共同富裕找到新路径。

四是城乡要素流动有需要。实施乡村振兴战略，要"构建城乡融合发展的体制机制和政策体系"，加快"推动城乡要素自由流动、平等交换"。当前，社会资本看好乡村振兴的新"商机"，农创客看中乡村产业的好前景，新乡贤寻找回报家乡的好时机，推动城市要素资源更多流向渔农村遇到了"黄金时期"。盘活闲置农房，不仅可以为配置城市要素腾出空间、找到载体，而且将为城乡融合发展、乡村特质发展提供新动能。

（二）盘活闲置农房的主要做法

源于市场旺盛的需求，出于融合发展渔农村新产业、新业态、新模式，落脚于村集体和渔农民增收，有效助力海岛振兴、助推共同富裕，舟山市于2018年在岱山县、嵊泗县开始探索盘活闲置农房工作，经过一年的试点，2019年，提出实施"万幢农房激活行动"，全市域推开"闲置农房盘活"改革。计划到2025年末，建立基本完善的闲置宅基地及农房开发利用机制，成功打造闲置农房集中盘活利用示范区6个以上，盘活万幢闲置农房，"农房+"产业规模总量增加50%以上，新增渔农村就业岗位5000个以上，新增渔农民财产性收入5000万元以上，带动开发闲置土地5000亩以上。经过四年多的努力，全市有效盘活闲置农房3740套，盘活闲置土地583.57亩，建筑面积732519.6平方米，带动就业15049人，推动村集体和渔农民在财产性收入上分别累计增收0.35亿元和2.34亿元，打造了嵊泗花鸟、定海新建、普陀黄杨尖等8个各具海岛特色主题的"网红地"，有效地促进了村集体经济发展和渔农民增收。

一是形成制度体系，让农房使用"明"起来。2019年，市政府办出台《关于开展宅基地"三权分置"改革及闲置农房盘活利用工作的指导意见》，在维护宅基地集体所有权、保障农民对宅基地的资格权和房屋财产权的同时，放活宅基地及闲置农房的使用权。2020年，先后发布《舟山市渔农村闲置农房盘活利用管理办法（试行）》《舟山市渔农村闲置农房盘活利用示范区评定标准（试行）》《舟山市渔农民建房"一件事"审批办事指南（2020年版）》《关于舟山市农村宅基地"三权分置"登记发证工作的指导意见》《关于试行闲置宅基地和农房租赁使用权作为贷款增信措施的通知》等规范性文件，对闲置农房盘活利用流程、宅基地经营使用权证颁发、抵押贷款流程、事后管理及示范区评定、贷款支持等明确具体规定，全市逐步形成了全方位、立体式"1+X"闲置农房盘活利用政策体系，强化了渔农村闲置农房盘活利用的制度保障，农房使用权流转更加规范化。

二是开展农房调查，让农房底数"清"起来。以县（区）为单位，按照"农房盘活意愿强、农房集聚效应大、农房盘活成功率高"原则，研究划定可盘活利用的闲置宅基地及农房重点区域 26 个。这些区域自然风景秀丽、人文环境良好、基础设施健全、传统文化浓厚，多数已经完成美丽乡村建设或者列入美丽乡村建设计划，盘活利用闲置农房基础较好。同时，委托第三方对以上区域内渔农村居民和村集体所有的已盘活和未盘活的闲置农房的农户信息、房屋基础信息、附属房屋及风貌信息、资源转化利用信息等进行详细调查，摸清包括土地权利人、地类、面积、自然状况、盘活意愿、可开发模式等闲置宅基地及农房全要素信息，目前共调查统计出可盘活利用闲置农房 9100 余套，建立起市、县、乡、村四级联网的闲置宅基地和农房基础数据库，形成农房信息"一户一档、一村一册、一乡一库"，为下一步盘活工作打下了坚实的基础。

三是搭建信息平台，让供需信息"畅"起来。自开展闲置农房盘活工作以来，将搭建全市统一的信息平台作为农房盘活工作的重要抓手。2020 年，在全市闲置农房信息发布平台 1.0 版基础上，进行改造升级为 2.0 版，设置了项目招商、闲置资源、需求发布、交易（租赁）服务等 8 个板块，实现了闲置农房信息采集、审核、发布、竞价、交易等功能全部上线。截至 2022 年底，发布闲置农房信息 3000 余套。与旧版本相比，新版本信息更全面、更安全快捷，实现了实时沟通、图片、视频等多形式展示。有条件的乡镇，如嵊泗县花鸟乡，建立起农房租赁平台，对岛内所有具备利用价值的闲置农房按照合理的市场价格进行统一租赁、收储和管理，投资者可通过租赁平台，自由挑选房屋成为"房客"。目前该平台共收储农房 200 多套，其中 184 套已发展成民宿 64 家、餐饮 19 家、海鲜干货 3 家、零售店 5 家、旅拍工作室 1 家。同时开展闲置农房招商项目的包装设计和活动策划。

四是丰富盘活方式，让资源全面"活"起来。各县（区）、功能区依据发展实际，坚持实施多模式开发，多主体参与、多途径利用、多业态激活、多方式经营盘活闲置农房。引入国有资本、社会资本、返乡青年等，以租赁、合营、入股等方式投资发展海岛民宿，形成"国资＋集体＋农户""社会资本＋农户""集体+""返乡青年创业+农户"等多种开发模式。如定海南洞、嵊泗枸杞月亮湾酒店、花鸟岛整岛开发就是"国资出资、村社收储、农户参与、市场运营"模式的典型代表，先行引入国资打造典型样板引领精品高端民宿集群发展。普陀区虾峙东晓村"金沙丽景"民宿、嵊泗五龙乡"钓点咖吧"是利用集体闲置资源盘活开发的成功案例。扩展"农房+"业态，积极开发"农房+休闲咖吧、海鲜美食、健康运动、渔村电商、文创手作"等多元业态，延伸农房产业链。如普陀东极开办渔民画体验馆，催生渔俗文创产品；嵊泗打造风景绝佳的左岸公路，吸引众多的骑行客源；定海开发百县千碗特色菜系，增强民宿私房菜的吸引力等，民宿经营内涵日益扩大，经济效益明显提高。

五是推进示范引领，让建设标准"立"起来。从 2020 年起，分 3 年时间，选择了一批条件比较成熟的区域进行盘活示范性打造，在体制机制、利用效果、人居环境三方面进行探索。去年创建完成的 4 个示范区达到了"农房流转规范、农房改造合理、乡村治理有效、村庄美化洁化、基础设施完备"的要求，形成了较好的规模集聚效应和明显的示范带动效应，形成了"国资出资、村社收储、农户参与、市场运营"的闲置农房盘活开发成功经验和做法。定海区以新建村为代表形成了大品牌加盟带动整村联片开发模式，如新建村引入"大乐之野"品牌化经营民宿，马岙村引入"联众集团"打造"村回"民宿，盐仓新螺头村引入"秘境"打造"非岛·秘境"度假屋群等打响了定海"乡村旅游"的新名片；普陀区虾峙镇东晓村形成了"一地一策"闲置土地综合利用创新模式，展茅街道黄杨尖村，探索由平台公司统一运作，实行免租金、按营收提点盘活闲置农房新模式；岱山县岱东镇涂口村形成了工商资本、乡贤、农创客等主体打造"农房+民宿、轻食馆、文创、电商"等新业态盘活模式；嵊泗县花鸟村形成的"一套机制运行、一套规则管理、一个平台营运"三个"一"盘活闲置农房发展海岛民宿的"花鸟"模式。

（三）盘活闲置农房的成效

闲置农房的盘活利用工作推进，虽然时间不长，但对渔农村的发展产生了连锁反应，受到了极大关注，实现了投资方、农户和村集体的多方共赢，是海岛振兴、共同富裕建设的一个很好的切入点。具体来看，取得了四个方面的积极效应：

一是促进了海岛产业振兴。闲置农房大多位于以前所谓的偏远地带，这些过去受冷落的地方，往往是风景好、空气好、水质好、食材好、有文化的地方。全市以乡宿整合乡村闲置农房、闲置土地等资源，实现民宿和乡村良性互动，培育乡村"农房＋民宿＋休闲咖吧、海鲜美食、健康运动、渔村电商、文创手作"等新业态、新模式，逐步构建布局合理、特色鲜明、集聚发展、业态丰富的乡宿经济圈。2022年，民宿（渔农家乐）等休闲农业经营主体2723户，其中精品渔农家民宿1000户，共吸纳就业1.3万余人，床位4.71万张，餐位4.97万个；年接待游客超过800万人次，实现年营收30余亿元。

二是促进了渔农民共同富裕。闲置农房盘活使渔农民变身为"房东""股东"，使渔农民走上了共同富裕的"快车道"。据不完全统计，2022年，全市闲置农房出租户年均可获3万元左右租金，而且还可以就地就业和就近销售农产品，增加了财产性收入、工资性收入和经营性收入。全市渔农家民宿经营户均纯收入达16.2万元，嵊泗县高达21.8万元。近年来，一些村集体积极引导渔农民，对闲置农房进行收储和统一开发利用，采取合作、合资、合股的方式，与社会资本共同开发闲置农房或者通过配套建设道路、水电及环境整治等工程，按合同协议分享收益，促进了村集体经济增收。如：定海干览新建村引入民宿品牌经营闲置农房，每年为村集体增收30余万元；普陀虾峙镇东晓村将村闲置仓库入股建民宿，每年增收10余万元；岱山衢山凉峙村2022年集体经济收入达到70万元，旅游年收入达到700万元，集体经济和村民收入比2014年翻了两翻。嵊泗县花鸟乡花鸟村通过打造旅游岛、提供优质农房盘活服务，年打底收入29万元。

三是促进了乡村美丽蝶变。把农房盘活利用与全域美丽乡村建设有机结合，将农村环境面貌的整洁化、美丽化和农村基础设施的标准化、现代化作为闲置农房开发利用的优势条件，将"人居环境优"作为闲置农房盘活示范区创建的重要指标，促进美丽乡村建设与闲置农房盘活工作协同保障、共同推进。同时，创业投资者对农房进行改造修缮，融入丰富的文化元素，坚持特色取胜品牌溢价，使农房成为内含风景、风味、风情的精品，"闲置房"化身"创作室"，"空心村"变为"度假村"，定海区马岙街道的村回民宿、普陀区白沙岛的陌领佑舍众创小镇、岱山县衢山镇的元舍素海民宿、嵊泗黄龙岛的"石村船说"民宿等，一跃成为村内"景点"。

四是促进了乡村治理提升。新时代的各类外来人才资源的不断涌入，打破了渔农村原有的利益格局，为乡村社会治理现代化的转型提供重要的机遇。闲置农房盘活发展休闲旅游业，直接推进了民宿业主对业态周边区块的卫生三包，化被动为主动，更加长效保障了环境整治成果，提升整个区块的环境面貌，部分民宿还利用农房及周边设施主动打造网红景观节点，为旅游氛围布置增光添彩。近年来引进的 211 名农创客，其中近 50% 从事农房民宿经营，他们带来了资金资本、创意理念、游客资源，不仅对全市农房盘活、发展精品民宿起到了积极引领作用，而且促进了乡村文化设施完善，推进乡村文化艺术发展，推动了乡村文化振兴。乡镇、村级组织打造的统一闲置农房收储租赁平台，既减少了渔农户在农房流转中因自发性或非规划性流转行为所产生的诸多问题和矛盾，也极大程度上减少了以前的小产权房、宅基地私下交易的情况发生。

（四）闲置农房形成的基本经验

一是界限清晰与准入明确。坚持"一户一宅"和"户有所居"，依据资源禀赋、支撑产业、区位优势、群众意愿等，在全市划定闲置农房盘活重点区域 26 个，遵循"规划—设计—建设"规范，与村落布点规划、村庄建设规划、土地利用规划相匹配。充分尊重农民群众的主体意愿。从渔农民利益出发，千方百计增加农民收入，促进集体经济发展。妥善化解和处置权属纠纷、邻里矛盾、历史遗留问题。

二是政策引导与市场操作。利用财政、产权、资源要素等政策引导实施"闲置农房盘活"，对闲置农房激活方式、租赁期限、收储模式、流转对象、经营产业等问题进行规范引领，保护渔农民利益和工商资本的合法正当收益，培育市场中介组织推进资源收集、整合和招商，建设全市性的渔农村闲置农房信息发布与交易服务平台，统一发布闲置农房信息，实现线上交易。

三是多措并举与协同推进。把"闲置农房盘活"与美丽乡村建设等工作结合起来，同步谋划、统一规划、整体实施，将渔农村环境面貌的整洁化、美丽化和渔农村基础设施的标准化、现代化作为闲置农房开发利用的基础条件；利用闲置农房培育乡村旅游、文化创意、养生养老、农事体验等产业，发展美丽经济，创建渔农村美好生活。

四是集体发展与群众受益。鼓励有一定经济实力的村集体对闲置农房进行收储和统一开发利用，村集体可以采取合作、合资、合股的方式，与社会资本共同开发闲置农房或者通过配套建设道路、水电及环境整治等工程，按合同协议分享收益。允许集体经济组织的农户自愿有偿退出宅基地和农房，优先保障群众宅基地和集体经济发展用地需求。

五、农村闲置宅基地盘活利用的现实困境

"盘活"系生动的政策表述而非规范的法律术语。在乡村振兴战略的指引下，闲置宅基地盘活改革是一项涉及农民财产权益实现、产业结构优化、农村空间布

局均衡、土地集约节约利用在内的"整体谋划"，需要从"以农户为中心、面向单一财产效益目标"的孤立政策探索，迈向"农户与集体并立、谋求制度群互促共进"的整合立法阶段，以体系效益为核心提升盘活项下多元制度间的协同效果。

修正后的《土地管理法》新增"鼓励农村集体经济组织及其成员盘活利用闲置宅基地"条款，将"农户"和"集体"作为两类并行的盘活主体。然而，既有法学视角下的宅基地盘活相关研究，注重个体主义取向的农户宅基地使用权市场化流转，弱化集体对宅基地用途转换的调控研究，进而引发"农户盘活"与"集体盘活"的非协同制度弊端。具体而言，"农户中心"的研究旨在解决"三权分置"中宅基地使用权的权能残缺问题，显化宅基地的财产属性及经济利益的农户归属。其制度缺陷在于：一是宅基地使用权流转需始终保有居住保障的功能羁束而仅具备"有限市场"的特征，且因农户宅基地的小块细碎性而损及盘活的集约和效率要求，与乡村振兴战略中的产业兴旺目标相斥；二是盘活以农户宅基地使用权为起点，在"所有权派生用益物权"的农地权利衍生框架下，僭越了集体依托土地所有权调控宅基地盘活和统筹收益分配的重要功能；三是忽视了农户盘活与集体盘活间的制度转换及衔接等协同性制度需求。就现有研究来看，不乏针对盘活主体下的农户宅基地使用权流转、有偿使用、退出及集体建设用地使用权重构的专项研究，但尚欠缺面向乡村振兴战略的制度群整合研究。

法学视野下的"规范协同"，系指按照法秩序统一要求，关注诸多法规范的意义关联，以形成融贯无矛盾的法律体系。闲置宅基地盘活的法律调整并非单一规范，而是旨在提高存量未利用及低效宅基地使用效率的规范群，涵括"集体向农户初始配置（有偿使用）—农户自行盘活（宅基地使用权流转）—农户向集体交回（宅基地退出）—集体统一盘活（集体建设用地使用权设立及行使）"4个主要环节。"集多元之力，解具体之难"塑成了盘活制度的规范集成特质。然而，囿于改革阶段制度探索的试验性，宅基地盘活面临显著的规范协同难题。

（一）土地用途与权利类型的非对应配置

当前盘活改革僵化沿循承包地"三权分置"的立法路径设计宅基地盘活的权利结构，导致"用途"与"权利"的非对应配置。承包地和宅基地均是公有制语境下承担生存保障功能的特殊财产。继承包地"三权分置"政策出台后，国家提出宅基地"三权分置"，这在学界产生了对两块地进行法律权利对称性设计的理论构想。

根据《农村土地承包法》第三十六条及《民法典》物权编第三百三十九条的

规定，以农户为主体通过出租、入股等方式流转土地经营权，是承包地资产化的唯一法定形态。其法律结构为：集体在农村土地所有权之上为农户设定土地承包经营权，农户在其土地承包经营权之上为其他经营主体设定土地经营权。作为参照，学者遵循土地经营权的创设机理，弱化宅基地使用权的居住保障功能，将其定位于具有流通性的用益物权。然而，这忽视了承包地和宅基地的重要地类差异。承包地归为农用地范畴，在农用地转用的强用途管控和家庭承包经营体制的约束下，只能以农户为主体，通过家庭决策对外实施流转行为。这意味着土地承包经营以"既确权又确地"为一般要求，由农民拥有数量确切、四至清楚的承包地，是承包地经营权市场化流转的必要前提。而宅基地属于建设用地，退出的宅基地可转化为集体建设用地。宅基地使用权仅是依据土地的利用现状而为之匹配的权利形态，因具备用途转换的空间，宅基地能够基于变更后的土地用途进行权利重配，而非局限于农户的宅基地使用权，进行单项制度内的有限盘活。

（二）注重农户收益，弱化集体管理的优位性错置

对于盘活改革所依托的农户宅基地使用权和集体土地所有权之优位性配置问题，当前制度安排侧重个体性农户宅基地使用权的收益权能，弱化团体性集体宅基地所有权的管理权能，并未充分重视二者的盘活效益差别。"农户中心"的盘活路径系通过宅基地使用权转让、抵押、租赁等流转行为形成交易价值，进而实现土地保障属性向资产属性的转变和农民增收的盘活目标。但是，农户宅基地使用权流转在优化土地利用方面属于个别分散实施的边际调整，盘活效益有限。

第一，受制于"一户一宅"的院落式布局，农户的宅基地使用权流转产生行为个别化、供地分散、面积细碎的用地供给缺陷，难以适应产业用地规模化供地需求。

第二，宅基地使用权本质上是由个体农户实际支配和管领的土地使用权。农户在经济理性的逐利动机下，存在多占、乱占等宅基地违规扩张，挤占农业、生态空间的盘活失序问题。

第三，农户宅基地上房屋的建设程序与经营性建设遵循宽严不同的审批程序，因宅基地的地类限制导致市场化盘活的开发建设依据缺失。根据 2019 年农业农村部、自然资源部《关于规范农村宅基地审批管理的通知》第 2 条第 2 款的规定，村民住房建设需核发乡村建设规划许可证，由村民承担建设主体责任。而集体土地上的经营性建设则比照城市商业用房的建设审批要求，在房屋质量安全、环保要求、消防安全管理、卫生等方面有更严格标准。这些建设要求远远超出宅基地的功能限定和用途管制规则。

第四，现行法上农户宅基地使用权流转的适法样态表现为"地随房走"的被动流转，本质上仍是"搭地卖房"的"房屋所有权"处分，而非针对"地的流转"专门设计。如《大理市农村宅基地流转管理办法（试行）》第7条规定："宅基地使用权不得单独转让，必须与地上房屋一并转让。"综合来看，"农户中心"的盘活规则因未涤除宅基地的居住保障功能，且存在个体农户的单一逐利目标驱动，存在天然的制度局限性。

2019年农业农村部《关于积极稳妥开展农村闲置宅基地和闲置住宅盘活利用工作的通知》提出"鼓励有一定经济实力的农村集体经济组织对闲置宅基地进行统一盘活利用"，肯定了集体作为宅基地盘活主体的统筹调控优势。在乡村振兴战略导向的土地集约利用、产业兴旺、生态宜居等新发展理念下，闲置宅基地盘活制度仅着眼于"农民增收"的单一财产目标存在非自足性。这需要理性认识农户盘活的局限。集体通常与农户具有不同的土地利用目标，其收回、调整等公共性的产权管理功能有助于形成统一、高效和规模化的土地盘活效益。

（三）农户与集体间的盘活制度转换不畅

因盘活项下的宅基地使用权流转制度、退出制度、有偿使用制度、集体建设用地使用权制度存在"单兵突进"的孤立化构建问题，导致农户与集体间的盘活制度转换不畅。集中表现为宅基地使用权流转制度僭越宅基地退出制度，宅基地有偿使用制度挤占集体建设用地使用权制度的适用空间。

第一，畸重农户宅基地使用权流转制度，弱化农户向集体的宅基地退出制度，导致集体对农户宅基地回复性再利用的转换路径不畅。农户盘活的适用范围应有其必要限度，目前存在宅基地使用权流转的过度财产化倾向，这造成宅基地退出制度被虚置，无法为集体盘活提供充足的土地来源。就强制退出而言，因现行法存在立法空白，农户倾向继续保有宅基地，用于经济获利。就自愿退出而言，多数试点地区倾向以"永久退出"为导向构建自愿退出制度，缺失在一定期限内暂时退出宅基地的可回复性退出规则。永久退出中农户同时丧失用益物权属性的宅基地使用权和成员权属性的宅基地分配请求权，致使退出意愿受阻。过度扩张农户自我盘活有违公有制下集体土地收益的"成员共享性"，亦不利于宅基地的集约利用和统一调控。宅基地的财产属性应在集体盘活项下通过地类转换予以重点考量。

第二，宅基地有偿使用制度的适用情形过于宽泛，挤占集体建设用地使用权制度的联动空间。有偿使用是国家一、二轮宅基地试点探索的盘活方式之一，初衷是为缓解宅基地初始无偿分配导致的闲置浪费问题，倒逼"超占部分"退出，促进宅基地集约利用。但地方试点探索中有偿使用制度却泛化适用于以下三类情形：一是违反"一户一宅"及其面积标准（一户一宅超过标准面积和一户多宅）超占宅基地；二是非本集体成员通过继承、接受赠予等方式获得房屋所有权后，合法占有宅基地；三是集体经济组织成员改变居住用途对宅基地进行经营利用。将所有的有偿使用形式均纳入宅基地使用权下，最终会模糊宅基地使用权和集体建设用地使用权的权利分工，导致农地权利体系的结构混乱。因此，宅基地有偿使用作为政策性表述，在立法转化过程中需要遵循"宅基地使用权"的权利主体身份及功能限制。择要而言，对于情形二，该宅基地使用权因主体的身份变化而应确定为集体建设用地使用权。对于情形三，经营利用已经超越了宅基地的地类功能，应归入集体经营性建设用地使用权制度范畴。

上述土地用途与权利类型的非对应配置、重农户收益轻集体管理的优位性错置、农户与集体间的盘活制度转换不畅等协同难题，阻滞了盘活立法规则的理性构建。有必要面向协同增效目标对宅基地盘活制度进行理论解析和功能重构。

六、闲置宅基地盘活利用障碍的解决对策

农村闲置宅基地盘活是土地资源节约利用的内在要求，也是推动农村转型发展、实现乡村振兴的重要支撑。

（一）完善闲置宅基地盘活利用的顶层制度设计

农村闲置宅基地盘活利用，不仅有助于农民增收、农村发展，还能够增加耕地面积，助力国家粮食安全，因而具有很强的正外部性。实践表明，由于工作难度大、收益低，单纯依靠地方政府，闲置宅基地盘活利用难以取得广泛成效。因此，需要按照中央的改革部署和法律政策要求，进一步完善闲置宅基地盘活利用的顶层制度设计，以强制性制度变迁推动闲置宅基地的盘活利用。

第一，将闲置宅基地盘活利用作为城乡建设用地"增减挂钩"的重要方式，新增的城镇建设用地指标可以配备一定比例的闲置宅基地复垦为耕地的指标要求。2020 年印发的《中共中央国务院关于构建更加完善的要素市场化配置体制机制的意见》要求，"完善城乡建设用地增减挂钩政策，为乡村振兴和城乡融合发展提供土地要素保障"。面对闲置宅基地盘活利用中的市场失灵问题，想要更好地发挥政府的作用，可以参照重庆的"地票"制度，分区域为农村闲置宅基地

设定政府收储底价，推动偏远农区的闲置宅基地整理、复垦为耕地后建设用地指标入市交易。

第二，将农村人均居民点用地面积、人均宅基地占有面积、闲置宅基地盘活利用面积的减少等作为乡村振兴战略实绩考核的重要内容。设定一个改革起点，确定农村人均居民点用地面积、人均占有宅基地面积和闲置宅基地面积。此后，将农村人均居民点用地面积、人均宅基地占有面积和闲置宅基地面积的减少情况，纳入政府部门的绩效考核体系，促使基层干部重视并推动农村建设用地节约和闲置宅基地盘活利用。同时，自然资源管理部门还可以将人均宅基地占有面积减少和闲置宅基地盘活利用情况，作为确定农村集体经营性建设用地指标的依据。

第三，增强农村集体在闲置宅基地盘活利用中的作用，落实农村集体对宅基地的所有权、管理权和相应收益。《宪法》《民法典》《土地管理法》等法律都规定，农村宅基地属于集体所有。针对当前农村宅基地的集体所有权虚置、农户使用权的私产属性持续加强的实际情况，保障农村集体的宅基地所有权，应当规定农村集体享有一定比例（如20%）的闲置宅基地盘活利用收益。对于"一户多宅"、面积超标的闲置宅基地盘活利用的，农村集体收益占比可以适当"上浮"。这样可以在落实农村集体的土地所有权、提高农村集体的宅基地管理和闲置宅基地盘活利用积极性的同时，还可以更好地筹措资金，发展壮大农村集体经济。

（二）创新闲置宅基地盘活利用的多元实现方式

充分盘活利用农村闲置宅基地，既要解决闲置宅基地零星分布难以集中连片利用的问题，又要清除外部主体难以进入、市场失灵等体制机制障碍。为此，需要加快闲置宅基地盘活和提高相关农村改革的系统性、整体性和协同性，更好地发挥政府有形之手和市场无形之手的作用。具体而言，可以从以下三个方面创新闲置宅基地盘活利用的实现方式。

首先，探索以乡村产业园建设为抓手，着力提高闲置宅基地盘活利用的规模化、整体化水平，将乡村产业发展与闲置宅基地盘活利用相结合。单个村庄的闲置宅基地面积有限且十分零散，难以满足乡村产业发展的用地需要。闲置宅基地盘活利用，可以探索结合乡村振兴规划，选择一片闲置宅基地较多或居民较少的村庄建设用地，通过地块调串、土地入股、村庄合并等方式，将多个村的闲置宅基地适度集中后建设乡村产业园，在产业园里集中发展农村养老、农村电商、乡村手工业、乡村民宿餐饮等适合的产业。相关村和农户根据投入园区的宅基地（建设用地）面积获得收益。如此一来，闲置宅基地无须转变为城市建设用地，只需经过集中连片就可以用于发展乡村产业。

其次，加快农村集体成员之间的宅基地流转，并通过适度扩大受让人的范围、延长宅基地租赁期限等方式，进一步激活农村闲置宅基地流转市场活力。同一农村集体成员之间宅基地的低转让率，是宅基地大量闲置与村庄占地面积持续扩张的不合理现象并存的重要原因。因此，应当鼓励本集体成员之间的宅基地转让。不过，由于同一集体内需要流入宅基地的人数十分有限，为了盘活利用闲置宅基地，需要适当放松宅基地使用权转让严格限制在本集体成员内部的规定，允许返乡创业者、退休回乡的乡贤等经过农村集体讨论成为本集体成员，成为合法的闲置宅基地受让人。对于以租赁方式使用农村宅基地发展乡村产业的市场主体，可以通过农村集体土地入股和乡镇政府资产配套的方式，与市场主体共同成立开发公司，通过以利益捆绑、风险防控的联合经营，提高宅基地使用权的稳定性，消除投资风险，从而促进市场主体向农村投资。

最后，试点成立农村闲置宅基地盘活利用专项资金和专门机构，在"增减挂钩"等政策支持下，探索政府主导的闲置宅基地收储模式。无论是通过"增减挂钩"政策将闲置宅基地复垦的建设用地（指标）用于城镇建设，还是用于乡村产业发展，都具有很高的价值，这是由建设用地的稀缺性决定的。因此，政府可以设立专项资金，带动社会资本，联合农村集体，成立农村宅基地盘活利用的专门机构，负责闲置宅基地收储，充当宅基地流转的"做市商"。收储机构可以将宅基地连片整理、复垦后置换成城镇建设用地指标收回投资，也可以通过为各类合规的乡村产业市场主体或农村集体成员提供建设用地收回投资。参照一些宅基地改革试点的做法，收储闲置宅基地时给予农民的补偿，可以是现金、有价债券、城镇购房款抵扣券等。政府主导的宅基地收储制度，能够为退出宅基地的农民重新获得宅基地提供组织保障，从而解决一些人担忧的宅基地退出可能会让农民"居无定所"的问题。

第三节　推进农村闲置宅基地盘活利用的政策建议

一、建立健全农村闲置宅基地盘活利用相关机制

（一）建立规范有序的宅基地流转机制

一是规范宅基地流转市场。目前，农村宅基地流转过程中长期存在交易信息不对称、交易价格缺乏透明度、交易主体不规范及交易程序不合规等问题。而建立规范有序的宅基地流转市场是解决这些问题并保证农民、村集体及其他社会主体在宅基地流转过程中实现公平参与、公开竞争、公正交易的重要一招。考虑到我国不同地区之间经济、资源、文化等差异较大，建立国家级的农村宅基地流转系统的可能性较低，各地区应结合地方实际情况建立地方宅基地使用权流转系统。而国家可以通过出台相关法律法规促进地方宅基地流转系统的建立，同时要制定相关的宅基地市场监管机制，保障宅基地流转合法化、规范化。宅基地使用权流转市场中要充分发挥市场的作用，让市场化配置在宅基地使用权流转过程中发挥主导作用，这不仅能有效解决政府在宅基地流转过程中的效率低下问题，还能充分激发农村宅基地市场价值，吸引农民、村集体及其他社会主体的共同参与，形成一个灵活便捷、高效运作的宅基地流转市场。

二是构建宅基地交易流转平台。可探索成立一个具有法人资格、组织结构合理，运作高效的农业农村投资平台公司，负责整个宅基地盘活利用工作的运作，如集体土地的整理、收储、盘活利用及资金管理，统筹项目资金解决水、电、气、路、停车场等配套设施，强化村集体行使宅基地所有权，在保障本村村民住房用地和基础设施配套用地的基础上，对节余的规划为住宅用地的集体建设用地采取跨村配置、竞价择位的方式确定使用人，实现宅基地资源的合理优化配置。

三是创新宅基地使用权流转机制。一方面要从宅基地使用权流转的具体形式上展开深入研究，积极探索宅基地无偿使用或有偿使用、宅基地抵押、宅基地继承、宅基地转让等多元化的宅基地使用权流转方式，同时针对不同的宅基地使用权流转方式，分类制定科学合理的管理配套政策。另一方面要从宅基地使用权流转范围上展开深入研究，积极探索农村宅基地镇域内流转、县域内流转甚至市域内流转，逐步扩大宅基地使用权流转范围，真正实现宅基地资源的跨区域优化配

置。为打破地区间的行政区划，在更广泛的范围内探索多种形式的交易流转，还应适当放松对宅基地使用权转让方和受让方的限制条件。

（二）健全农村宅基地退出机制

首先，完善宅基地退出方式。各地乡镇人民政府应加快确定农村宅基地退出方式研究，区分宅基地暂时性退出和永久性退出两种方式。同时应分类退出多占、超占、违法违规占用的宅基地。对于符合现行法律和政策规定的农户，申请自愿退出宅基地的农户给予补偿奖励；对不符合现行法律和政策规定的"一户多宅"等问题，要具体分析，合理解决，坚决杜绝强制逼迫农民搬家或上楼等行为；对违法违规占用的要依法处置、予以退出。

其次，完善宅基地退出的运行模式。考虑到不同农村地区所处的地理位置、农村产业发展状况、地区资源禀赋等均不相同，不同地区在农村宅基地退出运行模式的选择上不能采取"一刀切"政策，要因地制宜，结合国家出台的城乡建设用地增减挂钩、集体经营性建设用地入市等政策，综合考虑各种因素，制定差异化的农村宅基地退出运行模式。同时，为规范农村宅基地退出机制，各地乡镇人民政府应结合《农村宅基地制度改革试点工作指引》加快制定各地区的《农村宅基地自愿有偿退出办法》，确保宅基地退出有效运行。

最后，完善农村宅基地退出补偿机制。宅基地退出补偿机制重点要明确宅基地退出补偿范围、补偿标准及补偿资金来源等三个主要方面。同时也应探索多元化的退出补偿模式，针对退地农民的不同需求，采用货币补偿、置换公寓或农村小联排等多元化补偿方式，满足农民退出闲置宅基地的多样化补偿需求。

（三）建立宅基地盘活利用收益分配机制

建立科学合理的农村宅基地收益分配机制是维护不同参与主体合法权益和提高不同主体参与积极性的必然要求。结合对试点区的实地调研发现：村集体在闲置宅基地管理的过程中投入了一定的人、财、物，以维护农村基础设施、提供公共服务等，尤其是面对零星分散的闲置宅基地，村集体更是花费了较高的管理费用和维护成本，村集体理应在一定的范围内提取部分宅基地收益。农民作为宅基地资格权人，依法享有宅基地使用权，无论是采取何种方式对农村闲置宅基地盘活利用，都需要保障农户的宅基地收益权。因此，在宅基地盘活利用收益分配上，原则上应由农民和村集体共享，在保障农民享受主要部分的前提下，具体分配比例由农民和村集体协商。另外，宅基地实际使用人在流转闲置宅基地过程中投入资金外，前期还可能面临着重新装饰房屋、产业发展支出等成本，这决定了宅基地实际使用人享有利用宅基地发展产业或其他项目产生的实际收益。

二、加强农村闲置宅基地管理工作

（一）科学选择农村闲置宅基地盘活利用模式

农村闲置宅基地在具体的盘活利用模式上面临着多种选择，因地制宜科学选择农村闲置宅基地盘活利用模式是宅基地盘活利用过程中面临的首要问题，也是最为关键的问题。结合我国耕地保护需要，首先，要考虑将有条件复垦为耕地的闲置宅基地优先复垦为耕地，提供更多耕地资源，农民也能以指标交换的形式获得耕地复垦收益。其次，结合村域周边的山地资源、林场资源、水面资源及村内产业资源发展情况，依托本村闲置宅基地资源，吸引社会资本下乡，因地制宜发展具有竞争力和发展潜力的产业，通过的合理的宅基地收益分配方式，实现农民、村集体及其他社会主体合作共赢的局面。最后，在乡村振兴全面推进背景下，县（区）政府、乡镇人民政府要组织各村开展典型地区宅基地盘活利用经验学习活动，聘请相关领域的专家学者下乡指导，在尊重农民意愿的基础上，选择具有稳定性、环保性、综合效益好的闲置宅基地盘活利用模式，给本村村民及村集体带来更长久有效、安全稳定的收益保障。

（二）加强农村闲置宅基地盘活利用过程的监督

2019 年 2 月，中央"一号文件"《中共中央、国务院关于坚持农业农村优先发展做好"三农"工作的若干意见》提出要"将适合村集体代办或承接的工作交给村集体，并充分保障其工作的必要条件"。为此，村集体在执行农村宅基地管理职能的过程中还需要充分发挥村集体的监管职能。村集体应建立村级宅基地闲置信息台账，让各级政府相关部门、农民及其他社会主体能够及时了解宅基地的闲置现状、闲置期限、闲置宅基地盘活利用的具体模式等基本信息。同时，构建严格的农村宅基地盘活利用管理制度和开放的监督体系，让农民和其他社会主体共同参与监督，以保障农村闲置宅基地盘活利用工作合理有序、依法进行。在具体实践上，一方面要完善资金保障。上级政府要及时足额拨付给村集体配套经费，保障闲置宅基地盘活利用的必要工作条件。另一方面，要建立闲置宅基地盘活利用考核机制。各村应结合实际，将村集体定位为推动闲置宅基地盘活利用的责任主体，通过设置奖励机制或将闲置宅基地盘活利用纳入政绩考核，形成完整的考评体系，提高责任主体的监督意识。

（三）严格执行农村宅基地管理制度

严格执行农村宅基地管理制度是有效解决农村闲置宅基地问题和预防农村宅基地闲置的重要举措之一。"一户一宅、面积法定、福利分配"是长期以来我国农村宅基地管理制度的核心内容。在宅基地的具体管理过程中，村干部最了解本村宅基地利用现状，可探索将宅基地管理成效与村干部的绩效考核挂钩，对辖区内宅基地采取村干部分组、分队、分户管理制，通过细化考评细则，对评分高的分管村干部采取现金奖励或优先晋升等奖励措施；对评分较低的村干部采取年度综合考评扣分或扣工资等惩罚措施。同时，也应充分发挥典型引路的作用，积极宣传本地区和其他地区宅基地管理的典型案例和先进经验，提升本集体的宅基地管理能力，避免本集体内部出现宅基地管理不到位、处置不公平的现象发生。

三、完善政府配套政策保障措施

（一）建立闲置宅基地信息数据库

2020 年 2 月，"中央一号"文件要求农村地区要加快推进宅基地使用权确权登记颁证工作，这为建立农村闲置宅基地信息数据库提供了证据支持和有力支撑。在具体落实工作上，可通过成立村级闲置宅基地信息登记工作组，逐村、逐组、逐户、逐地排查，建立宅基地闲置情况台账。结合"房地一体"工作，普查闲置宅基地数量、类型，全面登记建房时间、闲置时长、闲置原因、实际占地面积、地理位置、周边环境及房屋闲置现状等基本信息，建立村、镇、县三级宅基地基础信息数据库并及时更新确保数据具有一定的实效性，确保宅基地相关部门及时准确地掌握宅基地的闲置状况。

（二）推进数字化宅基地管理平台建设

数字化宅基地管理平台建设一方面要结合农村闲置宅基地信息数据库的相关信息，一方面，利用无人机测绘技术制作村级数字正射影像图和三维模型，形成调查工作地图，并通过专题空间数据和台账数据关联，实现县、乡、村、组四级信息共通，全面显示农村闲置宅基地规模、利用现状、所处位置等信息统计，从"人""地""房"三个视角建立数据台账，逐步实现农村宅基地数据台账"一张图"，以便方便宅基地盘活利用信息的管理。另一方面，要探索开发信息发布模块，打通农村闲置宅基地盘活利用的信息壁垒。通过建立县级宅基地盘活利用模块，支持农户将闲置的宅基地、农房发布至平台，同样也支持企业和个人在平台发布求租信息，通过"互联网 +"形式推出闲置农房信息，推动宅基地资源变资产，切实增加农民收入。

（三）完善退出宅基地统筹利用政策

宅基地退出统筹利用政策是指宅基地使用权人将宅基地退还给村集体后，再由村集体依据相关规划，采取整理、复垦、复绿等方式，对退出的宅基地有序开展整治，并依法依规利用城乡建设用地增减挂钩、集体经营性建设用地入市等政策，为农民建房、乡村产业发展、农村公共设施和公益事业建设用地需求等提供土地保障。各地村集体应结合相关政策，叠加乡村治理、美丽乡村建设、农村人居环境及乡村建设行动等政策，根据国土空间规划、村庄规划、退出宅基地统筹利用专项规划高效有序地开展宅基地退出统筹利用工作。各地乡镇人民政府应加快出台《农村闲置宅基地退出统筹利用办法》，明确农村宅基地退出统筹利用方式，有序开展宅基地整治工作，探索通过就地再利用、调整再利用、城乡建设用地增减挂钩等实现宅基地统筹利用。

第六章
闲置宅基地盘活背景下实用性
村庄规划

第一节　闲置宅基地盘活背景下的村庄规划

一、闲置宅基地盘活背景下村庄规划的重要性

（一）有效缩小城乡差距

现阶段，随着社会经济的高速发展，人们的生活水平得到了进一步提升。但从整体来看，农村居民的生活质量与城镇居民的生活质量依旧存在较大差距，主要体现在基础设施方面。应通过合理规划村庄发展进一步推动闲置宅基地盘活利用，提升村民经济收入，加快农村发展进程，全面推动城乡协调发展。

（二）推动城乡一体化发展

在乡村振兴背景下，我国城乡界线越来越模糊，无论是从经济角度还是从产业层面解读，两者都存在密切联系，城乡一体化发展已成为中国特色社会主义道路建设的重要路径。但就目前而言，在我国大部分乡村发展过程中，土地资源，重点是闲置宅基地和闲置农房浪费情况依旧存在，这在一定程度上制约了我国城乡一体化建设。因此，科学的村庄规划能够有效提高土地资源利用率，助推城乡一体化发展。

（三）激发农村经济活力

合理的村庄规划能够优化农村宅基地分配结构，对提高乡村实用性、完善乡村基础建设具有重要作用，而且能够有效提升乡村居民的生活水平，提高乡村居民经济收益。可见，科学的村庄规划能够激发农村经济活力，促进农村健康发展。

二、村庄规划现存问题

（一）现有规划缺乏针对性和实用性

村庄在生产和生活方式上有其自身的特点，比如家族群居、依田而居、人情社会等。现实规划中存在很多直接将城市规划理念和方法盲目的套用到村庄的情况，忽视了村庄的现实需要、传统文化和地方特色，导致规划难以落实。受规划时间和经费等方面的影响，多数编制村庄规划的设计人员缺乏农村生活经历，对农村了解不足，照办模板和套路，或者硬套其他地区的成功模式，规划达不到便捷实用的要求，不符合村民实际需要。另外，规划编制多是"自上而下"的模式，村民参与流于表面形式，未能调动村民积极性，得到的有效信息回馈少，编制的

规划成果村民难懂，难真正做到公众参与，导致规划没有能够解决村庄实际需求，实用性差。

（二）农村劳动力流失，人才资源匮乏

随着城镇化不断提升，农村人口呈单向趋势不断流入城市，导致许多农村青壮年劳动力缺失，有限的劳动力无法推动产业发展，农田无人耕种、农村房屋无人居住等问题比比皆是。加之农村的基础条件很难留住人才，导致农村青年人才缺乏。另外村干部年龄老化、受教育水平普遍偏低、创新不足等突出问题，导致基层管理后继无人，青黄不接，长久以往只会导致恶性循环。

（三）农村资源利用率低，用地供需出现矛盾

高速城市化所造成的另一种问题便是大量农业资源闲置。大量房产、宅基地闲置，农田抛荒，集体资产闲置，促使农村资源利用率低，村庄收益甚微。与此同时，一户多宅，老宅未拆，建新宅需要新增建设用地，村庄建设用地指标紧缺，乡村振兴类项目又往往面临无地可用的困境，乡村用地需求出现矛盾。

（四）建设缺乏资金保障，监管力度不足

村庄规划发展依靠政府扶持、土地置换、危房补助等项目投入大量的资金，主要用于基础设施建设和环境整治，在建设上由于缺乏稳定的资金保障，资金缺口很大。多数项目后期由于缺乏专业人才管理和资金维护，导致基础设施不完善，部分便民设施闲置，村民生活质量未得到本质改善。村集体自身经济薄弱，过分依赖于政府资金，村庄产业发展模式单一，支撑力度较弱，这种单向被动式规划缺乏造血能力，导致村庄建设难以正常运转。另外，村庄建设项目监管力度不足，从规划到实施缺乏全过程监管，导致规划编制落实难，亦或是被大打折扣。

三、闲置宅基地盘活利用背景下村庄规划要求

（一）转变传统的发展理念

在闲置宅基地盘活利用背景下，传统的村庄规划理念已经难以满足当前乡村的发展需求，转变发展理念成为现阶段村庄规划必须遵循的新要求。因此，在村庄规划发展过程中，相关人员应当根据乡村的实际情况建立合理的规划体系，改变传统规划思路，避免盲目借鉴成功区域的规划经验的情况，提高规划方案的针对性和合理性。

（二）加强对发展过程的重视

当前，部分村庄规划部门只注重规划成果，对具体规划过程缺乏足够重视，

不利于农村长远发展。因此，在现代化农村建设过程中，应高度重视空间资源规划，合理规划农业用地、商业用地、居住用地等，进一步提高土地资源利用率，优化农村产业结构，加快农村区域经济发展。

（三）加强多元化发展

加强多元化发展是乡村振兴战略落实和闲置农房盘活利用对村庄规划的又一要求，也是乡村健康发展的关键。乡村部门在实际规划过程中，应加强对多元化发展的重视，积极引进新产业、新项目，丰富乡村居民的收入渠道，提高乡村居民经济收入的同时激发乡村经济活力，有力推动乡村经济进一步发展。同时，要在村庄规划工作中融入人文建设和环境保护方面的内容，进而实现乡村全面发展。

第二节　实用性村庄规划的内涵

一、实用性村庄规划的内涵

2019年3月，习近平总书记首次提出实用性村庄规划，5月，自然资源部在《关于加强村庄规划促进乡村振兴的通知》中对它的概念做出了明确的指示。其主要内容包括以下：

1. 明确了规划定位。实用性村庄是法定规划，是开展国土空间开发保护活动、实施国土空间用途管制、核发乡村建设项目规划许可、进行各项建设等活动的法定依据；

2. 明确了规划的编制范围。是村域内的全部国土空间；

3. 明确了规划的总体要求。要整合村庄土地利用规划、村庄建设规划等乡村规划，实行多规合一；

4. 明确了规划的主要任务。八个统筹和一个明确，其中"八个统筹"包括：统筹村庄发展目标、统筹生态保护修复、统筹耕地和永久基本农田保护、统筹历史文化传承与保护、统筹基础设施和基本公共服务设施布局、统筹产业发展空间、统筹农村住房布局、统筹村庄安全和防灾减灾；"一个明确"是指明确规划近期实施项目；

5. 明确了村庄分类。可将自然村划分为城郊融合类、特色保护类、集聚提升类、搬迁撤并类四个基本类型；

6. 明确了弹性机制。在不改变主要控制指标情况下，预留弹性建设空间，为村庄未来发展留有余地；

7. 明确了编制要求，要加强多方主体共同编制规划，因地制宜，分类编制，简明成果表达。

二、实用性村庄规划与传统村庄规划的区别

实用性村庄规划相比于传统村庄规划，在各个方面都有了很大改变。包含以下几个方面：

1. 主导部门的改变

在编制主体上，两者不存在差异，都是由乡镇人民政府组织编制，但传统村

庄规划主导部门是原规划部门，实用性村庄规划主导部门是自然资源主管部门，多个部门协同。

2. 编制底图的改变

传统村庄规划编制工作底图一般采用 1 ： 2000 的地形图，里面附带的信息包括房屋、道路、水系、植被等基本地理构成要素的分布及地理坐标，采用 AutoCAD 软件制图，文件类型为 dwg 格式。实用性村庄规划的编制工作底图是为第三次国土调查数据地理信息，里面附带的信息包括土地利用现状（地类、位置、面积、分布）和土地权属，采用 ArcGIS 软件制图，文件类型为 shp 格式。

3. 规划内容的改变

在规划内容方面，实用性村庄规划更加丰富，除了包含传统村庄规划对建设空间的规划，更加注重对全要素的把控，包括生态空间资源和农业空间资源的规划。

4. 编制思维的改变

传统的村庄规划以开发建设为主，形成增量式发展，导致村庄建设空间急剧减少，可利用的建设用地不足；实用性村庄规划以保护更新为主，整合现有土地资源，预留弹性空间，以节约集约为原则，形成存量式发展。另外，对于有编制需求的村庄做到应编尽编，不再是所有村庄都需要编制，也可以几个村庄一同编制。

5. 成果表达方式的改变

传统的村庄规划以"文本＋图纸＋说明书"的方式，多种类型规划冗杂，编制完成之后被束之高阁，不便于政府部门翻阅和管理，实用性村庄规划采用"一图一表一库一说明"的方式，将村庄所有类型的规划绘制到"一张图"，指标控制和实施项目列表格，将规划成果形成数据库，提交至全国统一的国土空间基础信息平台，方便政府内部信息共享和管理。

6. 规划管控的改变

传统的村庄规划只具有引导性，不具有强制性。实用性村庄规划在指标控制上更加严苛，为了严格落实上位指标，政府根据新审批的宅基地和乡村集体经营性建设用地编制了图则，规范管理。

三、实用性村庄规划的特征

对于实用性村庄规划的内涵，从国家的政策体系和编制要求来看，主要有五个方面的特征：

1. 具有战略性

实用性村庄规划作为乡村振兴战略的衍生物，具有乡村振兴的战略性属性，是当前有效解决三农问题、尽早实现农业农村现代化的关键抓手。实用性村庄规划对村庄的发展和建设具有引领作用。

2. 具有全面性

实用性村庄规划是各类规划的有机结合体，它需要结合社会、资源、经济、文化、生态等多个方面，对村域内的生产、生活、生态空间进行全面科学的布局。

3. 具有可实用性

实用性村庄规划的主要目的是为了解决当前多规冗杂、村庄建设项目落地难的问题。每个村庄的实际情况和特征不同，规划模式不尽相同。实用性村庄规划需要解决村庄差异化发展的问题，使规划具有可操作性，保障规划项目落地，便于村庄各主体使用。

4. 具有管控性

实用性村庄规划落实了土地规划的约束性，需要对土地用地资源进行严格控制，乡村振兴战略赋予的法律地位，让它在落实各项建设项目上具有管制权。

5. 具有阶段性

实用性村庄规划是随着我国村庄的建设需求应运而生的产物，它是新农村、美丽乡村等规划的延续，是实施乡村振兴战略的着力点，它具有时代使命，待到村庄建设从量变到质变之后，便会有新的规划产物出现。

第三节 实用性村庄规划编制探讨

一、实用性村庄规划编制要点

1.要实现"多规合一"

以前各类村庄规划的核心问题是规划难以落地。当前编制村庄规划首先就要整合多个村级规划,统一规划底图底数,统一工作平台,统一发展目标和管控规则,为后续规划实施和项目落地奠定基础。实用性村庄规划是乡村发展的阶段性规划,需要解决多种村庄规划遇到的问题,包括新农村规划需要解决的农村基础设施问题;美丽乡村规划、环境整治规划需要解决的环境品质提升问题,村庄建设规划需要解决的实际农村生产生活建设问题;除了解决问题,还需要融入土地利用规划对土地管控的要求;融入乡村振兴规划对村庄产业发展和文化建设方面的要求,在这些规划的基础上继续完善。

2.要实现全域全要素空间统筹

以第三次全国土地调查(以下统称为三调)的行政区边界为范围,对村域内各种空间要素做出统筹安排。包括人口、资源、环境、经济、产业、设施等。从村庄发展进行引导,到村庄建设规划,涉及的不仅仅是技术层面的工作,而是从政策、技术、实践以及如何建设落地等多元化角度科学统筹的工作。

3.要满足多方需求和服务规划管理

村庄规划既要落实各类上级规划管控和相关部门的管理要求,又要直接指导村庄的各类保护和开发建设活动;既要有自然资源部门要管的内容,也有其他部门要用的内容;既要有"总体规划"的内容,也有"详细规划"的作用。实用性村庄规划需要承接上位规划,严格落实上位规划中的刚性指标,严格遵守国土空间用途管制的政策,加强生态、生活和生产空间的有效管控,围绕政策开展规划编制和实施,在加强政策支持的前提下,优化调整用地布局,预留弹性空间,为村庄的建设留有余地,方便村庄建设管控。

4.要有实用性

村庄规划的实用价值主要表现在"能用、好用、管用",即规划好实施、政府好管理、群众好参与。一是需要建设全国统一的空间信息网络平台,动态掌握农村村域内人口、土地、资源等信息，以提高农村各项规划的准确性与有效性。二是需要根据国土空间规划"双评价"成果，合理布局建设、农业和生态空间，明确村庄定位，合理划分村庄发展目标，明确具体实施路径。三是集思广益，多方参与。需要有村民参与规划，专业人才进行编制，相关专家进行指导，确保规划科学合理。四是规划要有针对性，结合村庄实际经济水平和村庄建设发展需求，有选择性的进行编制，规划编制成果要通俗易懂。

二、实用性村庄规划内容探究

通过结合各地村庄规划导则内容和实用性村庄规划的内涵，实用性村庄规划的编制内容主要分为六个部分：

1. 前期准备工作

包括：基础资料收集、现状调研、需求调查。

2. 现状综合分析

对村庄现状情况进行具体分析，内容包括：村庄现状概况、人口结构、社会经济情况、土地利用现状、产业分布情况、基础及公共服务设施等，并对现状问题进行归纳总结。

3. 规划发展策略指导

包括上位规划解读、村庄发展定位与目标、村庄分类引导。通过对现状和上位规划的分析，结合实际情况进行发展定位和规划目标，对村庄进行分类引导。

4. 村域空间规划

针对村庄类型不同，其规划编制侧重点也不同。根据各省市的村庄规划导则分类，进行菜单式选择"必做和选做"内容编制。其中必做内容主要是强制性内容，包括村域空间总体布局规划、土地综合整治规划与生态修复、耕地和永久基本农田保护、村庄安全与防灾减灾；选做内容包括历史文化保护及乡村特色风貌塑造、基础设施和公共服务设施布局规划、产业发展规划、人居环境整治等。

5. 村庄建设规划

根据乡村实际的建设需求，对村庄居民点做出布局规划。主要内容包括：村庄开发边界划定、村庄建设布局规划、道路与市政基础设施规划、集体经营性建设用地控制、农房建设管理要求等。其中，村庄开发边界划定是指不占用永久基本农田和生态保护红线的基础上，结合村庄实际用地条件、集中居住和发展需要，划定集中、连续的村庄开发边界；集体经营性建设用地控制是为了方便政府管控，引导乡村重点产业和项目优先使用存量集体经营性建设用地，严格控制容积、建筑高度、建筑密度、绿地率、严格控制建筑体量和建筑风格等；农房建设管理要求是指明确宅基地建设范围、选址要求、细化农村住房管控要求，加强建筑设计引导，营造乡村建筑特色风貌。

6. 规划实施管理

保障村庄规划的实施，对村庄近期急需落实的项目编制项目表，并明确资金保障。主要包括：近期行动计划、成果分类整理、管理保障机制完善。其中，近期行动计划包括：全域土地综合整治、产业发展、基础设施和公共服务设施建设、人居环境整治、防灾减灾工程、历史文化保护等项目，制定近期实施项目计划图和表，明确资金规模、筹措方式、建设主体和方式等；管理保障机制完善包括：建立政府领导、自然资源主管部门牵头、多部门协同、村民参与、专业力量支撑等多方参与的工作机制。

三、实用性村庄规划编制策略

（一）编制要求

1. 联合多元主体，明晰规划任务

实用性村庄规划涉及城规、土规、生态等多个专业，需要政府多个部门协同组织编制，聘请专业的规划设计团队，联合村委会、村民以及社会力量（企业、乡贤等），共同完成编制。按照各省市村庄规划编制导则里面的编制要求，以及上位规划对本村庄的具体定位，明确村庄的规划编制任务。

2. 求真基础现状，分类指引村庄

以"三调"数据为主，土地复垦、增减挂钩等土地利用变更调查数据为辅，统一数据标准，做实底图底数。对现状用地与上位规划划定的控制线不一致，或现状用地性质与土地规划用地性质有违背的地方，要根据实际情况予以调整。在调研走访环节，通过多种渠道全面了解村庄现状，落实村庄实际发展需求和村民述求。根据村庄人口、区位、资源等，对村庄进行分类指引。

3. 严控刚性指标，留白弹性空间

落实上位规划，对于必须要严格遵守的控制线（生态保护线、永久基本农田控制线等）和强制性指标（建设用地总规模、耕地保有量等），进行严格控制。对于建设用地充足的村庄，预留 ≤ 5% 的用地指标，作为备用地。对于用途暂不明确的用地，可做暂时留白处理。

4.统筹全域空间，优化村域布局

对村庄实行全覆盖规划，包括建设、农业、生态空间全面统筹。规划在满足生态管控底线要求的前提下，按照"占一补一"保证村庄内部实现自我平衡的原则对乡村建设用地边界进行优化。优化类别包括错漏补划、局部勘误、用地置换、划定村庄开发边界四种方式。对土地进行更新优化，集约节约用地。

5.统一信息平台，简化成果表达

构建"多规合一"的村庄规划数字化管理系统工作的创新性探索。以基础调查数据为基底，融入空间规划、社会经济、产业发展、乡村人才、生态环保、组织管理等信息，结合各层级各部门的业务管理信息数据、国土空间规划的规划编制、农村土地经营和交易等，进行多源信息数据的整合拉通管理，建立村庄规划数据库。有针对性简化成果表达，做到政府好管、村民易懂。

6.建立管制机制，坚持陪伴式规划

要建立形成当地政府主导、自然资源主管部门牵头、地方各部门协同、村民参与、社会专业力量支撑的工作机制。强化村民主体和村党组织、村民委员会主导。严格用途管制，加强监督检查。把开门编规划的宗旨落到实处，综合运用各相关单位、行业的现有工作基础，积极引进高校和城市规划与设计组织下乡进行志愿咨询服务、农村城市规划师下乡蹲点，并建设了驻村城市规划师管理制度，要求驻村工作时间累积不低于 20 天，并填写详细驻村工作日志，放在规划成果的附件中。鼓励引导了解本地状况的乡贤、能人参与村镇规划编制工作。支持投入村庄建设资金的民营企业参与村庄建设管理工作，并建立"规划＋建设＋运营"一体化模式。

（二）编制策略

1.加强公共空间管理

公共空间是实用性村庄规划工作的重点，要将村口区域和村内广场作为重点对象，加强对公共空间的管理和整治。除此之外，在实际规划中要加强对地方特色和文化风俗的重视，并将这些元素融入广场规划设计中，这不仅能突出村庄特色，而且对宣扬地方文化、改善乡村居民生活环境具有重要意义。

2.重视基础功能应用

自然生态环境保护是当前社会可持续建设的重要组成部分，同时也是乡村产业发展的物质基础。因此，在实用性乡村规划工作中，要加强对自然生态环境的重视，采取科学手段提高自然资源利用率，丰富自然景观多样性，实现自然景观

商业化，加快乡村绿色经济的发展步伐。与此同时，要根据村民的日常生活需求改善居住环境，提高乡村医疗、教育条件，提升村民的生活便捷性和幸福感。另外，要进一步完善信息化网络、交通运输网络等基础设施，实现村庄规划的合理升级。

3. 优化产业结构

产业的发展是提高乡村经济收益的有效途径。在闲置宅基地盘活利用背景下，不仅要加强对内部产业布局的重视，而且要结合乡村实际情况及当前市场形势引进更多的产业，实现地方产业的多元化发展，这对提高乡村居民经济收益具有重要意义。除此之外，在实用性村庄规划过程中还应加大创新力度，积极借鉴其他村庄的成功经验，结合乡村实际情况制定针对性的规划方案，形成实用性村庄规划的多维度创新模式，进一步推动乡村经济发展。

4. 加快景村融合

近年来，以康养、休闲、旅游、娱乐、观赏、餐饮于一体的闲置宅基地盘活新业态已经成为很多乡村经济发展的重要增长点。因此，在现代化村庄规划设计中，应突出田园特色，以此为基础全面推动景村融合，形成旅游产业发展的切入点。除此之外，在实用性乡村整体规划中，还可以在村庄景观内部融入地域特色风俗和历史文化古迹，将其作为景观的重要观赏点，这对乡村的健康发展具有积极意义。

第四节　闲置宅基地盘活利用实用性村庄规划案例

一、总体要求

（一）指导思想

以习近平新时代中国特色社会主义思想为指导，深入贯彻习近平总书记关于"三农"工作重要论述和在浙江舟山视察时的重要讲话精神，认真落实党的十九大和十九届历次全会精神，按照国家、省的部署要求，坚持农业农村优先发展，紧紧围绕乡村振兴总目标，全面推进海岛闲置农房盘活高质量发展、高水平融合，实现高品质生活、高效能治理，让渔农村"看得见青山、望得见绿水、留得住乡愁"，从而推动渔农村人居环境改善，促进人民群众和村集体持续增收，为全市共同富裕示范区先行市建设提供闲置农房盘活利用经验，将舟山打造成为全国海岛地区农业农村现代化建设的示范样板和引领标杆。

（二）发展目标

舟山市闲置农房盘活利用工作总体分为两个发展阶段：试点创建阶段（2021—2025年）和全面建设阶段（2026—2035年）。

1. 试点创建阶段（2021—2025年）

到2025年末，全市基本构建起"政府引导、市场主导、村社组织、农民主体"的闲置农房盘活利用模式，多元主体采用租赁、合营、入股、回收等方式形成利益共同体，形成结构合理、类型多样的盘活业态；全市累计盘活利用闲置农房5000套以上，开展闲置农房激活项目20个以上，开展闲置农房盘活市场化运作试点，累计创建闲置农房高质量发展示范区12个以上；基本实现农房信息发布与交易服务市场化，农房数字化平台应用覆盖率达100%，建立起较为完善的闲置农房盘活利用工作体系。

2. 全面创建阶段（2026—2035年）

到2035年末，全市渔农村闲置宅基地和闲置农房盘活利用改革全面突破，渔农村建设提质增效成果显著，全面构建形成基础坚实、要素完善、业态丰富、供需合理、规范有序的海岛闲置农房盘活利用发展格局，实现渔农村闲置土地、农房、山林、水域、文化、旅游、人才等资源的全面激活，争创全国高质量发展建设共同富裕示范区的乡村振兴海岛样本。

（三）基本原则

1. 坚持底线约束、多规协同原则

在全面摸清底数的基础上，协同上位及相关规划，有效衔接市级国土空间规划核心管控要求，严格落实城镇、农业、生态空间和生态保护红线、永久基本农田保护红线、城镇开发边界，协调匹配村庄规划、乡村建设规划、乡村旅游规划、乡村产业规划等相关规划，统筹城乡空间分类管控建设，形成科学利用的空间格局。

2. 坚持生态优先、绿色低碳原则

牢固树立"绿水青山就是金山银山"的理念，坚守生态保护底线，注重资源能源的集约利用和共享，加强全域土地综合整治与生态修复，把闲置农房盘活利用与全域旅游、美丽乡村建设、历史村落保护、现代农业示范建设等相结合，统筹推进，从而改善渔农村人居环境，促进"两山"转化。

3. 坚持因地制宜、特色发展原则

注重彰显海岛村落传统，注重自然和谐与生态保护，让乡村特色元素与现代生活品质融合统一。注重村庄乡土风貌和文化的挖掘营造，打造宜居、宜业、宜游、宜养、宜学未来乡村社区共同体，努力实现地域特色鲜明、生态自然、可持续发展的美丽海岛乡村。

4. 坚持试点先行、共建共享原则

积极发挥试点示范的综合带动作用，探索可持续、可借鉴、可推广的经验，优先保障当地村民的合法权益和集体经济发展，通过创新激活机制，最大限度地发挥其主动性、积极性和创造性，让村民公平分享盘活发展成果，从而实现资源、环境、设施、服务、人才等共建共享。

（四）发展策略

1. 生态保护策略

以"绿色低碳"加强生态修复和生态基础设施建设。在进行闲置农房资源利用和项目建设时，突出山水林田湖草生命共同体理念，合理评估渔农村山林、耕地、水域、岸线等自然生态环境承载力，依照不同产业功能需求，采取绿色基础设施建设，实现海岛村落可持续发展。

2. 分类施策策略

以"分类引导"强化示范引领作用。综合考量各类渔农村的资源价值和闲置农房自身条件，区别对待，分类盘活。针对不同的盘活方式、功能需求进行分类试点，允许试点区域在现行法律法规的框架下，创新建立个性激活模式和适用性激活机制，打造在全市、全省乃至全国可推广、可复制的闲置农房盘活样板。

3. 产业激活策略

以"协同融合"实现村庄产业转型升级。统筹区域发展经济，挖掘渔农村乡土乡韵潜在价值，引导闲置农房盘活利用与区域周边的农业、渔业、旅游业、服务业、创意产业、手工业等相关产业融合，注重产业协同化、差异化，推进农渔商旅融合发展，打造具有海岛特色优势的渔农村产业集群。

4. 支撑保障策略

以"共同缔造"为村民提供生产生活保障。通过引培社会组织和专业人才，带动提高村民自治的深度广度，鼓励村民通过学历进修、技术培训、服务教育等措施，提高自身素质，积极引导其参与闲置农房盘活经营，营造村集体、村民、企业等多利益主体共创、共赢、共享的良好氛围。

（五）环境提升策略

以"有机更新"实现村庄人居环境的提升。在尊重村庄历史格局的前提下，强化闲置农房建设的体量、高度、强度和风貌管控，传承发展海岛民居特色元素，建设体现传统与现代交融的海岛人居风貌，同时挖掘利用存量空间资源，聚焦乡村生活服务圈层，完善乡村公共设施服务体系，进一步实现人居环境的有机更新。

（六）发展模式

1. 盘活利用形式

（1）休闲旅游形式。依托生态资源优势，开发乡村旅游产品，发展科普型、参与型等乡村体验式旅游，与休闲渔农业融合，作为特色民宿、渔农家乐、共享农庄、体验工坊、自然教育等业态发展空间。

（2）滨海度假形式。依托滨海离岛区位和海岛自然人文资源，开发酒店民宿、休闲餐饮、渔风体验等旅游服务功能，以及作为休闲渔业、海上活动配套的业态发展空间。

（3）健康养生形式。以健康养生、休闲养老等健康产业为核心，利用闲置农房作为户外拓展、海岛疗养、中医养生等康体养老业态发展空间。

（4）文化体验形式。挖掘海岛历史和特色文化资源，利用闲置农房作为文化展览、非遗创作、研学科普等功能，同时吸引各类艺术家、农创客利用闲置农房打造艺术创作基地或文创设计空间。

（5）产业服务形式。以农林渔特色产业为基础，发展特产加工展销、仓储物流、电商销售、创客服务等业态发展空间，对于毗邻工业区的村庄，闲置农房可为产业工人提供生活服务空间。

（6）公共服务形式。利用闲置农房盘活开展社会化服务，鼓励公共化一站式综合利用。引导利用闲置农房作为渔农村文化、教育、体育、医疗、卫生、党建等公益性综合服务空间。

2. 盘活利用方式

（1）个人自发型。一是以渔农户为主体。有技术、有能力、有经营理念的渔农户自主对自有闲置农房进行改造利用。二是以下乡市民为主体。通过政策引导，吸引知识分子、文化艺术工作者、旅游爱好者、城市居民等市民下乡，通过租赁、合作等方式盘活利用闲置农房。

（2）政府主导型。由当地政府或国资企业作为盘活主体，结合美丽乡村、美丽海岛、未来乡村等建设推动投入，开展先行先试示范工作，完善村庄基础设施建设，将闲置农房盘活利用进行统一谋划，统一改造，统一运营。

（3）集体协会主导型。由村集体成立的合作社或民宿协会为主以股份合作、租赁等方式，整合村民闲置农房资源，进行利用建设和运营，使渔农户获得租金分红以及就近就业机会。特别是对有闲置农房、无资金、无技术的村民，集体协会主导型盘活利用是较好的选择，同时也是探索发展集体经济的一个重要抓手。

（4）社会资本主导型。一是社会资本按照"企业＋渔农民合作社（协会）＋渔农户"或"企业＋渔农户"的模式，以股份合作、租赁等方式，整合渔农户闲置农房资源，进行盘活利用经营。二是以自然村落、特色片区为开发单元，鼓励渔农户有偿退出宅基地使用权，村集体通过集体建设用地入市的方式将退出的宅基地使用权出让给社会资本，由其进行统一打造和运营。

（5）多主体合作型。以政府、村集体、企业、渔农户等主体通过多元合作，以入股、联营的方式对闲置农房进行统一打造利用，政府主要提供政策和资金支持，配套建设基础设施，其他主体通过就业带动、保底分红、股份合作等多种合作，实现利益联结。这种模式是目前国家大力支持的利用方式，主体各方均能获得良好的社会和经济效益。

二、规划布局

（一）总体空间布局结构

顺应舟山渔农村自然资源和历史人文格局、闲置农房资源空间分布、主导产业发展基础等因素，加强各类资源整合，构建"发展圈层—发展单元（行政村）—发展村庄（自然村）"三个层级的"三圈四类，全域联动"的总体盘活空间发展体系，从而形成"节约集群、特色鲜明、优势互补、协调有序"的发展特征，完善全市闲置农房盘活利用的空间结构。

（二）盘活利用发展圈层

1. 农旅"三生融合"发展圈层

以舟山本岛为重点区域，依托本岛优质的生态资源、农耕文化、便捷交通等优势，创新"田园体验＋农耕文化"旅游模式，打造现代新型乡村（农业）旅游景区，重点开发休闲旅游、游憩度假、健康养生、文化体验、教育科普等功能，形成独具舟山特色的农业休旅综合体，满足城市居民城郊短线乡村旅游和周末度假需求，从而打造舟山乡村观光休闲旅游集群。

2. "活力浅蓝"滨海发展圈层

以舟山本岛毗邻岛屿为重点区域，包括金塘岛、册子岛、长白岛、南部诸岛、岱山岛、秀山岛、朱家尖岛、普陀山岛等区域。有效利用连桥交通优势和海岛资源优势，全面发展南部诸岛定海后花园岛群，做强做精普陀国际文化旅游岛群，打造岱山乡村主导型海岛公园，以特色小镇、海岛公园、美丽乡村、和美小岛等品牌建设为引领，重点开发海岛观光、禅修度假、休闲运动、文化体验等功能，打造"城郊融合、山海共游"的海岛文化岛群。

3. "魅力深蓝"离岛发展圈层

以舟山本岛外围离岛为重点区域，包括嵊泗岛、衢山岛、东极岛、桃花岛、六横岛、虾峙岛、白沙岛、葫芦岛等区域。依托碧海蓝天、风光旖旎的列岛景观资源和海洋渔俗风情优势，重点开发群岛揽胜、渔业观光、休闲度假、康体养生、生态科普等功能，打造国内著名的高品质海岛旅游度假胜地。

三、盘活利用单元类型

（一）山林田园型

此类型单元乡村农业生产特征明显，农耕文化底蕴深厚，拥有较多的农业生态资源，闲置农房盘活利用主要作为避暑度假、健康养生、休闲观光、农耕体验、自然教育、户外拓展等功能空间。

（二）滨海离岛型

此类型单元处于重要风景名胜区或滨海离岛，海岛自然风貌特质明显，闲置农房盘活利用与景区旅游产品互补延伸，挖掘岛屿特色和渔家风情内涵，主要利用作为渔家乐民宿、海岛度假、休闲渔业、蓝碳服务等功能空间。

（三）特色产业型

此类型单元有着较为良好的产业基础，特色产业优势突出，闲置农房盘活利用以拓展二、三产业为重点，作为生态农业、种植养殖、海洋牧场、农渔业产品加工、传统工艺品制作展示等功能空间。

（四）历史文化型

此类型单元有着丰富的历史文化遗存和内涵，在保持历史风貌原真性的基础上，以农房为平台、文化为底色、创意为引线，主要利用作为特色民宿、名人故居、非遗体验馆、文化书局、艺术创作坊等功能空间。

四、单元指引

通过有效分析不同类型盘活单元的资源禀赋、支撑产业、区位优势、群众意愿等，把握"控、优、活、融"的核心创新引导技术要点，从而明确各类型盘活单元的分布情况、类型特征、指引要求和近期引导，同时开展单元范例式分析，重点对其盘活方向、空间管制、更新方式、产业发展、风貌管控、环境设施提升等提出指引内容。

（一）山林田园型盘活单元发展指引

1. 类型特征

多处于大岛中部山地、丘陵地区，以"山、林、田"为主要风貌元素，具有秀美的海岛自然田园风光和绿色生态乡村环境，同时保留较为丰富的农业旅游资源和传统农耕文化。

2. 发展要求

山林田园型盘活单元，应充分挖掘利用海岛丘陵、山林、田园自然资源优势，鼓励闲置农房盘活利用与生态观光、休闲农业相融合，积极打造田园耕种、山林康养等体现"世外桃源"乡村风貌的空间载体，让城市居民亲身感受乡村自然好景色，体验悠然慢生活。

3. 典型示例——以马岙村为例

（1）基本情况

马岙村是马岙街道的中心村，村域面积 4.5 平方公里，现有人口 2100 余人，常住人口 3500 余人。村庄具备良好的自然条件，三面环山，农田区域河网密布，周边古文化遗迹丰富，被称为"海上河姆渡""海岛第一村"。马岙村的工业、商业、旅游业均较为发达，先后荣获"省级精品村、乡村振兴示范村、历史文化村落、浙江省旅游文化特色示范村、浙江省农家乐特色村"等荣誉称号。目前马岙村农房数量约 785 户，闲置农房约 21 户，闲置率约 2.7%，目前已利用的闲置农房占闲置农房数量的 81.0%。

（2）盘活方向

盘活利用形式以休闲旅游为主，依托生态资源优势，开发乡村旅游产品，发展科普型、参与型等乡村体验式旅游，鼓励与休闲农业融合，将闲置农房作为特色民宿、农家乐、共享农庄、体验工坊等业态发展空间。盘活利用倡导政府、村集体、企业、农户等多主体合作，以入股、联营的方式对闲置农房进行统一打造和利用，政府主要提供政策和资金支持，配套建设基础设施，其他主体通过就业带动、保底分红、股份合作等多种合作，实现利益联结。

（3）发展导引

空间管制。根据《舟山市国土空间总体规划》三区三线最新阶段性成果，马岙村的村庄闲置农房布局位于生态红线和永久基本农田外，但部分位于城镇开发边界内，闲置农房在盘活利用时需要结合实际空间布局和乡村建设发展情况，同时结合历史文化名镇保护要求综合确定，进行适度盘活。

历史保护。根据《舟山市定海区马岙历史文化保护规划》，闲置农房在盘活利用时应注意与历史文化名镇核心保护区、建设控制地带和环境协调区的关系；位于核心保护区范围的闲置农房，要求确保此范围内建筑和环境不受破坏，除新建、扩建必要的基础设施和公共服务设施外，不得进行其他新建或扩建活动；位于建设控制地带的闲置农房，改造翻新时必须与历史性建筑的风格和色彩相协调；位于环境协调区的闲置农房，应保护整体风貌以及周边环境及视觉景观，控制引导建筑风格、形式、体量等，注意历史文脉的延续。

更新方式。马岙村闲置农房的更新方式主要包括修缮保护和改造提升。其中对闲置的历史建筑或不可移动文物类的传统民居，应按照《历史文化名城名城镇名村保护条例》《舟山市定海区马岙历史文化保护规划》的相关要求进行修缮保护。一般性闲置农房的更新要在符合地方性私人建房审批办法和相应的农房风貌管控要求的前提下以改造提升为主，加强对闲置民居建筑色彩、材质、风貌、高度以及周边环境整治统一引导。

产业导引。马岙村未来通过植入休闲康养业态、发展数字智慧技术、营造主题景观、提升村庄环境、完善基础设施等措施，来打造集休闲民宿、健康养生、乡村旅游、文化体验等多种功能于一体的乡村版"未来社区"。因此其闲置农房功能要以休闲旅游、健康养生、文化体验为主，同时借鉴"村回民宿"主题特色民宿群的发展经验，提升民宿群落整体品质。

农房风貌管控。马岙村位于或靠近历史文化名镇保护区域的闲置农房，应注重农房历史传统风貌的延续，融合河姆渡文化、耕读文化、民俗文化等元素，打造马岙传统风貌特色。其他区域闲置农房的建筑设计在结构与形式上要与现有建筑风貌相协调，与现有的街巷空间相融合，建筑形式以坡屋顶为主，体量宜小不宜大，色彩以黑、白、灰为主色调，建筑高度控制符合相关规划和管理的要求。

环境设施提升。打造观赏性大地景观，塑造村居与田野相得益彰的特色田园风光。保护山林古道，修复河道溪涧生态，增加滨河亲水步道，沿河岸线种植湿地植物，营造生态驳岸。通过增加丰富季相变化的乡土植物，开展道路绿化彩化。通过增添仿真小动物、传统景观小品、文化色彩墙绘等元素，使乡村环境变得更加灵动古朴，同时合理利用灯光增强景观的观赏性。进一步完善楼门街道路设施，作为闲置农房主要对外道路，内部区域完善村庄干路、支路和停车场设施配置。参考未来乡村生活圈空间距离，提升相应的公共服务设施，在闲置农房集中区域完善配置养老服务、文化礼堂、党建中心、乡贤堂、会客厅、乡村讲习所、健身场地等公共服务设施。

（二）滨海离岛型盘活单元发展指引

1. 类型特征

大多以"海、渔、石"为主要风貌要素，有着旖旎的滨海离岛自然景色风光，具有典型的海岛村庄格局形态、较丰富的渔业资源和传统渔业生产习俗。

2. 发展要求

滨海离岛型盘活单元，应挖掘利用舟山滨海岛屿的自然景观和渔业文化优势，鼓励闲置农房盘活利用与休闲度假、渔村生活相结合，积极打造"民宿＋渔文化"等品牌产品，由单一旅游观光型转向功能复合的海岛休闲度假，积极提升民宿的品质和服务，丰富餐饮娱乐、休闲渔业、海上运动等其他服务功能。

3. 典型示例——以黄沙村为例

（1）基本情况

黄沙村位于嵊泗县泗礁岛东部，是五龙乡下辖的四个村庄之一。全村村域面积1.24平方公里，现状人口约1400人。村经济以渔业捕捞、涉渔工业、旅游业为主，目前全村共约 60 余家海岛民宿，规模集聚带来的品牌效应为黄沙村民宿旅游发展提供了有力支撑。目前黄沙村农房数量约 345 户，闲置农房约 34 户，闲置率约为 9.9%，已利用的闲置农房 16 户，占闲置农房数量的 38.2%。

（2）盘活方向

盘活利用形式主要为开发海岛民宿、餐饮酒吧、休憩观光、渔风体验等旅游服务业态，同时还可以为休闲渔业、海上体验活动等提供配套设施功能。盘活利用倡导政府、村集体、企业、农户等多主体合作，以入股、联营的方式对闲置农房进行统一打造和利用，政府主要提供政策和资金支持，配套建设基础设施，其他主体通过就业带动、保底分红、股份合作等多种合作，实现利益联结。

（3）发展导引

空间管制。根据《舟山市国土空间总体规划》三区三线最新阶段性成果，黄沙村的村庄闲置农房建筑布局均位于三线外，可全面盘活利用。

更新方式。黄沙村闲置农房的更新方式包括修缮保护和改造提升，其中传统海岛石屋建筑主要以修缮保护为主，一般类的闲置农房以改造提升为主，同时符合地方私人建房审批办法和农房风貌管控要求。

产业引导。黄沙村闲置农房盘活可着力发展精品民宿酒店、海岛主题乐园、特色商业服务设施三大服务功能，此外还包括民宿服务基地、特色海景餐厅、渔业及涉渔产业服务、沙滩音乐吧影院、沙文化馆和抗战纪念馆等。

农房风貌管控。黄沙村闲置农房风貌整体上应具有海岛地域特色，有效保护海岛石屋等传统建筑类型，改造提升类的建筑以简洁大方的设计风格为主，在满足建筑占地和建筑高度符合规范要求的基础上，强调建筑的开放性，鼓励建筑设计引入海岛风光，创造舒适宜人的休闲空间，符合精品海岛乡村度假的需求，同时运用当地环境的乡土建筑材料增强地域识别性。

环境设施提升。道路空间整治路面宜采用露石混凝土或凿毛的石块石板铺筑，对于较宽道路，两侧可用碎石铺筑，或保留土石路面，塑造质朴的乡村空间，同时布置路边绿化。院落空间宜使用铁艺或木栅栏等具有通透性、乡村野趣的形式，达到内外交融、通风透景的作用。遵循自然、乡土的绿化原则进行植物景观提升，以农作物、藤蔓、野生植物和大树营造出亲切怡人的庭院、公共及宅旁绿化环境，对当地特有的陶罐栽种予以保留，形成特色。在现状交通骨架的基础上增加支路、步行道，丰富慢行体验设施，同时设置公共停车场。为支撑旅游业发展，对现在的菜场、老年活动中心和村委会等公共设施进行风貌改造与环境提升，结合中心街建设，补充餐饮、咖啡、茶馆、书吧等休闲设施。

（三）特色产业型盘活单元发展指引

1. 类型特征

大多具有较好的农、渔、林等自然禀赋和较为突出的主导特色产业优势，如生态农业、种植业、畜禽养殖业、海洋渔业、农（海）产品加工业、休闲农渔业等产业。

2. 发展要求

特色产业型盘活单元应整合海岛特色渔业和乡土产业资源要素，挖掘特色种养、特色加工、特色手工业等渔农业产业价值，拓展闲置农房的产业服务或旅游体验功能，进一步打造特色产业集群，创响产业特色品牌。

3. 典型示例——以白沙港村为例

（1）基本情况

白沙港村主要包括白沙岛和柴山岛，白沙港村村域面积为246.41公顷，全村常住人口407人，户籍人口2619人。其岛屿拥有独特的海蚀海积地貌、海滩绵长，花木繁茂，同时具有临湾而生、依岙而建的传统海岛村落特征，历史人文遗迹较为丰富，于2017年10月被列入省级传统村落。自2008年白沙港村重点发展以海钓为主要特色的海洋旅游业，实现了从传统渔业向"海钓乐园"的转型，至今已拥有渔家客栈、渔家饭店21家，休闲渔船10艘，拥有接待床位258张，先后荣获"省级卫生乡""省级生态乡""省级文明乡""国家级海钓培训基地""省级休闲渔业示范基地"和"省级特色旅游村"等荣誉称号。白沙港村现有农房约810户，其中闲置农房约260户，柴山岛闲置农房约230户、大沙头闲置农房约100户、黄沙头闲置农房约28户、小沙头闲置农房约62户，闲置率约32.1%。目前白沙岛大沙头、小沙头沿主街及海岸的闲置农房以个人自主盘活为主，此外，外来新锐设计师主导开发的黄沙头陌领佑舍众创小镇，促进了白沙港村闲置农房建设风貌和经营理念的迭代提升，已带动全岛民宿向精品2.0版升级。

（2）盘活方向

盘活利用形式主要为开发海钓服务、海岛民宿、餐饮酒吧、文化体验等旅游服务业态，同时提供休闲渔业、海上体验活动配套设施。盘活利用方式倡导以政府、村集体、企业、渔农户等主体通过多元合作，以入股、联营的方式对闲置农房进行统一打造利用，政府主要提供政策和资金支持，配套建设基础设施，其他主体通过就业带动、保底分红、股份合作等多种形式，实现利益联结。

（3）发展导引

空间管制。根据《舟山市国土空间总体规划》三区三线最新阶段性成果，白沙港村的闲置农房建筑布局基本位于生态红线和永久基本农田外围之外，但柴山岛和大沙头、黄沙头组团大部分区域纳入城镇开发边界内，小沙头组团未纳入城镇开发边界，因此未来小沙头组团闲置农房以全面盘活为主，黄沙头组团、大沙头组团、柴山组团闲置农房在盘活利用时需要结合实际空间布局和村庄建设发展情况综合确定，进行适度盘活。

历史保护。根据《白沙传统村落保护与发展规划》要求，保护白沙港村所依存的海岛、海岸、海水等自然环境，禁止开山、采石、开矿等破坏传统格局和自然风貌的活动；保护白沙港村"临湾而生、依岙而建"的村落整体格局、"簇拥布局、拾级筑路"的村落布局方式。民居建筑的新建、扩建、改建必须与传统风貌相协调，不得破坏村庄整体格局和村庄肌理布局。在完善或改造各项基础设施与配套时，必须以不影响和破坏其传统风貌环境为前提，不得随意改变街巷线型、宽度、尺度及形式。

更新方式。白沙港村建筑以石砌和砖混结构为主，新老建筑混杂，建筑质量参差不齐。闲置农房未来更新方式以改造提升为主，在符合地方性私人建房审批办法和相应农房风貌管控的要求下，加强危旧闲置农房的解危改造，加强对闲置农房建筑色彩、材质、风貌、高度以及周边环境整治的统一引导，促进村庄整体风貌的协调性。

产业导引。白沙港村闲置农房盘活利用应以"海钓体验"为特色产业。白沙岛主要依托周边丰富的渔业资源和深厚的渔文化传统，将闲置农房盘活利用实现民宿度假、海岛旅游、休闲渔业、科普教育、康体养生等功能。柴山岛、黄沙头组团主要发展以"陌领·佑舍"引领的集酒店民宿、文创设计、康体度假、会议活动于一体的综合体验区。大沙头、小沙头组团，主要依托渔俗馆、渔俗风情街、渔文化主题公园等，盘活发展为渔家乐民宿、科普教育、渔俗体验、公服设施等。

农房风貌管控。白沙港村闲置农房改建总体应整合当地传统的渔文化、礁石文化和海洋文化元素，须与其所在区域的建筑风貌统一。建筑原有的内部空间通过空间整合，增加新的功能分区，尽量不对建筑外貌和整体结构做过大的改动。有效集聚大沙头、小沙头沿街原有白墙、黛瓦、蓝（黑）窗、石基的建筑风貌主基调，黄沙头闲置农房建筑改造墙面宜采用灰、白为主基调，建筑立面门窗宜采用棕灰色、黑灰色、原木色，同时可适当结合玻璃幕窗。柴山岛区域闲置农房建筑改造宜保持水砂石渔民原真海岛建筑风貌，保留原建筑风格，门窗可适当加宽，展现清新、质朴的渔村风情。

环境设施提升。充分尊重海岛村庄原有空间肌理，通过对空间格局、山海环境、街巷系统、建筑群落、公共空间等的保护延续，形成整体有序、层次清晰的空间形态。对村庄内部街巷空间、码头门户、渔俗馆以及沿海景观等进行环境综合整治提升，加强旅游服务中心，码头门户节点、观景平台等绿化整治改造，提升村口人口标牌及景区引导指示牌，强化海洋海钓特色。利用农居点之间的开放空间布置公共绿地、农居庭院及墙体，鼓励发展种植绿化。对岛内主要道路进行适当拓宽形成环网，方便出行，对内部街巷进行梳理，保证传统街巷的连续性和可达性。增加环岛旅游观光道，形成步行、骑行相结合的慢行系统，沿路增设游客驿站。对村庄现有公共服务设施进行整合完善，提升现在的管委会大楼、渔俗馆、养老中心、卫生站及警务室等设施品质，同时加强旅游配套设施的开发建设，引导公共和旅游服务设施一站式服务，实现设施资源共享。

（四）历史文化型盘活单元发展指引

1. 类型特征

大多数是具有历史文化价值的村庄，如历史文化名村、传统村落、历史文化村落等，总体保留着较为完整的传统村落形制格局和整体风貌，现存历史性建筑年代较久，历史环境要素较为丰富，传统文化习俗的传承和延续具有一定代表性。

2. 发展要求

针对已列入历史文化名村、传统村落、历史文化村落等名录的村落，应按照法律法规和保护规划要求进行盘活利用；对未纳入法定保护，但具有一定历史文化价值的村落，要加强历史性、地域性闲置农房风貌的原真性保护，同时有效管控周边闲置农房风貌，在保护的前提下通过功能植入或者置换，导入历史展览、文化体验、创意设计、文化民宿等功能，注重老字号、传统产业与非遗文化的培育展示，进一步挖掘延续历史文化特色。

3. 典型示例——以大观村大鹏岛为例

（1）基本情况

大鹏岛位于金塘镇西北部，隶属大观村，其自然生态环境优美，历史文化资源丰富，具有海岛古村落独特的村落风貌，素有"海上周庄"之美誉。2012年大鹏岛被确定为省级历史文化名村，村内留存百年以上的古民居建筑群29处，其中国家级文保单位1处、市级历史建筑12处、不可移动文物16处。此外"唱蓬蓬"地方曲艺已列入舟山市第二批非物质文化遗产名录。大鹏岛现有在册人口1824 人，实际住户约 830 户，以老年人为主，其中约 550 户均处于长期闲置或者季节性闲置状态，尚未被盘活利用。

（2）盘活方向

盘活利用形式主要以乡村旅游和文化体验为主，通过挖掘历史文化资源，利用作为旅游观光、文化展示、非遗创作、历史科普等功能，同时吸引各类艺术家、文化创客利用闲置农房打造文创艺术设计及孵化空间。

盘活利用方式可通过多主体合作，以入股、联营的方式对闲置农房进行统一打造利用。也作为整体开发单元，通过农户有偿退出宅基地使用权，村集体通过集体建设用地入市的方式出让给社会资本，由其进行统一打造和运营。

（3）发展导引

空间管制。根据《舟山市国土空间总体规划》三区三线最新阶段性成果，大鹏岛闲置农房建筑布局位于三线外，同时与历史文化名村保护范围和文物古迹保护范围控制边界核对，确定位于历史文化名村核心保护范围的闲置农房和列入历史建筑或不可移动文物保护范围的闲置农房属于适度盘活，其余区域闲置农房为全面盘活。

历史保护。根据《舟山市大鹏岛历史文化名村保护规划》，闲置农房在盘活利用时应注意与历史文化名村核心保护区、建设控制地带和环境协调区的关系；位于核心保护区范围的闲置农房，要求确保此范围内建筑和环境不受破坏，除新建、扩建必要的基础设施和公共服务设施外，不得进行其他新建或扩建活动；位于建设控制地带的闲置农房，改造翻新时必须与历史性建筑的风格和色彩相协调；位于环境协调区的闲置农房，应保护整体风貌、周边环境及视觉景观，控制引导建筑风格、形式、体量等，注意历史文脉的延续。

更新方式。大鹏岛闲置农房的更新方式主要包括修缮保护和改造提升。其中对闲置的历史建筑或不可移动文物类的传统民居，应按照《历史文化名城名城镇名村保护条例》《舟山市大鹏岛历史文化名村保护规划》的相关要求进行修缮保护。一般性闲置农房的更新要在符合地方性私人建房审批办法和相应的农房风貌管控要求的前提下以改造提升为主，加强对闲置民居建筑色彩、材质、风貌、高度以及周边环境整治统一引导。

产业导引。大鹏岛未来应基于对历史文化名村物质空间和文化遗产保护传承的基础上，以优良的生态环境为支撑、以乡土民俗文化为依托、以"文创＋"为活化触媒，把遗产资源转化为旅游产品，拓展复合旅游业态。因此闲置农房应重点以历史展示、文化体验、旅游服务、商业配套功能为主，如乡情村史馆、农耕文化馆、非遗体验馆、海岛书局、老字号作坊、传统民宿、老茶馆等，更大发挥历史遗产的公益性和商业性价值。

农房风貌管控。位于历史文化名村核心保护区以及列入历史建筑或不可移动文物类的闲置农房，应按照《历史文化名城名镇名村保护条例》《舟山市大鹏岛历史文化名村保护规划》的相关要求进行修缮，在不改变文物现状、保持典型民居建筑原样以及历史风貌的前提下，保持外观风貌特征，维持原有建筑高度，其内部允许进行改善更新，改善居住使用条件，适应现代的生活方式。大鹏岛其他区域的闲置农房改造提升鼓励采用传统建筑形式，采用传统元素，建筑形式、体量、高度、色调，墙体、屋顶要与大鹏岛传统风貌建筑相协调。

环境设施提升。未来需加强村落自然生态格局的保护，重点对岛屿自然要素进行整治与生态修复，同时将乡土材料运用于景观设计中，充分利用村口、院落、农田、滨河、沿岸以及宅间荒地等空间，梳理改造成为新的交往、展示和艺术空间，形成与自然融合的文化场景，提升乡村人文品味。加快金鹏大桥建设，完善岛屿内部道路交通设施，预留社会公共停车及慢行换乘空间，设计各类旅游主题线路，增加趣味性大、体验感强的多元慢行交通方式，同时进一步完善基础市政设施的管线敷设和接入，为古村发展打好基础条件。此外加强大鹏岛公共服务和旅游服务设施的完善，在滨海区域利用闲置农房打造传统历史商业街巷，将旅游服务、党群服务、社区服务等功能融合，形成大鹏岛集中的商业片区，营造古村中心的商贸生活氛围。

参考文献

[1] 毕思琪，苏纳言.乡村振兴背景下农村宅基地行政执法问题探究及改革路径[J].农村经济与科技，2023，34（02）:161-163+172.

[2] 毕文泰，梁远.乡村振兴战略背景下农村宅基地三权分置改革的研究[J].农业开发与装备，2019（01）:13+21.

[3] 程天骏，郭星宇，李骧云.乡村振兴战略下宅基地有偿使用制度的立法完善[J].农村经济与科技，2023，34（02）:52-55.

[4] 丁德昌，赵佩芳.乡村振兴战略下宅基地退出中农民土地权益的法律保障[J].武陵学刊，2022，47（06）:67-73.

[5] 方小燕，费罗成，朱倩莲.产权演变视角下宅基地流转风险的动态演进研究[J].农村经济与科技，2023，34（05）:43-46.

[6] 房建恩，李亚杰."三权分置"背景下宅基地使用权流转纠纷的实证考察与探讨[J].河北工程大学学报（社会科学版），2022，39（04）:84-89.

[7] 付琳.乡村振兴背景下农村宅基地"三权分置"改革探析[J].安徽农业科学，2023，51（06）:260-262.

[8] 富姗姗.乡村振兴背景下不同主体行使宅基地集体所有权的差异性分析[J].新经济，2022（10）:55-59.

[9] 郭贯成，盖璐娇.乡村振兴背景下宅基地"三权分置"改革探讨[J].经济与管理，2021，35（03）:11-15.

[10] 韩岭，贾秀楠，廖意美.基于乡村振兴视角的宅基地流转问题及原因剖析[J].农村实用技术，2022（01）:39-40.

[11] 侯军亮，何凯迪.我国闲置宅基地的形成与盘活模式分析[J].安徽农业科学，2022，50（21）:251-254.

[12] 贾陶然.乡村振兴背景下农村宅基地制度改革的现实路径[J].延边党校学报，2022，38（06）:53-56.

[13] 李怀，陈享光.乡村振兴背景下宅基地"三权分置"的权能实现与深化路径[J].西北农林科技大学学报（社会科学版），2020，20（06）:28-34.

[14] 李会勋，赵美玉.宅基地使用权抵押的困境与路径完善研究[J].华北理工大

学学报（社会科学版），2023，23（02）：7-12.

[15] 李南方，李忠汉．乡村振兴背景下农村闲置宅基地再利用研究 [J]．农业经济，2023（05）：86-88.

[16] 李泉，安培培．乡村振兴背景下农村宅基地闲置类型、盘活利用实践与治理策略研究 [J]．社科纵横，2023，38（02）：48-57.

[17] 李万甫，韦绍魁，覃梦恬等．乡村振兴背景下农村宅基地盘活利用方式与路径提升研究 [J]．中国集体经济，2023（04）：13-16.

[18] 李亚杰，房建恩．宅基地使用权流转纠纷的调查与思考 [J]．农业与技术，2023，43（08）：146-149.

[19] 林超，农村宅基地功能分化推动乡村振兴战略实施路径研究．山西省，山西财经大学，2021-07-16.

[20] 刘晨阳，房建恩．宅基地使用权退出的实践考察及立法回应 [J]．自然资源情报，2023（04）：26-31.

[21] 刘春阳，修恒鹏，周国君．乡村振兴背景下农村宅基地退出存在问题及对策研究 [J]．智慧农业导刊，2022，2（17）：94-96.

[22] 刘玲，高星汉，朱月季等．乡村振兴视域下的农村宅基地退出机制构建 [J]．农业经济，2021（01）：109-111.

[23] 刘心睿，赵伟朝．宅基地"三权分置"改革对乡村振兴的影响 [J]．湖北农业科学，2023，62（05）：247-252.

[24] 罗湖平，邢媛媛．宅基地使用权适度放活：继承争议与破解路径 [J]．国土资源导刊，2023，20（01）：59-62.

[25] 米恒．乡村振兴视域下宅基地"三权分置"的法理阐释与制度构造 [J]．重庆行政，2023，24（01）：76-79.

[26] 庞瑶，史卫民．乡村振兴视域下宅基地强制收回的困境与路径选择 [J]．新疆农垦经济，2021（04）：72-80.

[27] 邱扶东，吴文智，吴天一．乡村振兴背景下农村宅基地旅游利用的制度约束与脱困路径 [J]．农村经济，2020（06）：40-48.

[28] 曲颂，仲鹭勃，郭君平．宅基地制度改革的关键问题：实践解析与理论探释 [J]．中国农村经济，2022（12）：73-89.

[29] 石旋，段文技．乡村振兴下宅基地制度改革与产业融合发展的协同机理研究 [J]．山西农经，2022（19）：9-12.

[30] 史洋洋，郭贯成，吴群，杨国嵘．乡村振兴背景下宅基地利用转型逻辑机理与实证 [J]．经济地理，2023，43（01）:148-158.

[31] 孙歆惠，陈可欣，杜宇能．利用闲置宅基地和农房发展乡村新业态的路径研究 [J]．现代农业研究，2022，28（12）:147-150.

[32] 佟彤．论乡村振兴战略下农村闲置宅基地盘活制度的规范协同 [J]．中国土地科学，2022，36（09）:10-19.

[33] 王胜，丁关良．我国农村宅基地纠纷仲裁制度探索 [J]．合作经济与科技，2023（08）:185-187.

[34] 王廷勇，杨光情．农民宅基地使用权继承的疑难问题研究 [J]．大理大学学报，2023，8（03）:1-6.

[35] 谢珍容，史卫民．乡村振兴视阈下宅基地退出补偿的困境和优化 [J]．湖南警察学院学报，2023，35（01）:5-13.

[36] 鄢德奎，林利芳．宅基地使用权流转的法律限制 [J]．福州大学学报（哲学社会科学版），2023，37（02）:114-121.

[37] 杨晓杰，卢子莹，张玥滢．农村宅基地使用权的放活路径研究 [J]．南方农机，2023，54（11）:39-43+56.

[38] 叶子涵，苏思娴，王浩琦．农村宅基地使用权抵押法律问题探讨 [J]．合作经济与科技，2022（24）:182-185.

[39] 张合林，孙晓帆．"三权分置"下农村宅基地制度改革政策优化研究 [J]．山西农经，2023（08）:71-73.

[40] 张勇，周丽．农村宅基地制度演变及其理论阐释 [J]．山西农业大学学报（社会科学版），2022，21（06）:70-82.

[41] 赵佩芳，丁德昌．乡村振兴进程中宅基地退出的法律机制 [J]．中国集体经济，2023（13）:86-89.

[42] 赵艳霞，李海华．宅基地利用推动乡村振兴的研究热点主题及前沿分析 [J]．南方农机，2023，54（04）:100-104.

[43] 周益敏，宋世清．乡村振兴背景下激活农村宅基地资源的路径研究 [J]．农村经济与科技，2022，33（22）:35-38.

[44] 朱强，汪倩．乡村振兴视域下宅基地三权分置改革的困境与对策 [J]．湖北农业科学，2021，60（07）:197-200.